Gabriele H. Chmielewski · Marketing für Handwerksbetriebe

GABRIELE H. CHMIELEWSKI

MARKETING FÜR HANDWERKSBETRIEBE

3. Auflage 1991

HOLZMANN VERLAG

HOLZMANN VERLAG GMBH & Co KG,
8939 BAD WÖRISHOFEN

Der Inhalt dieser Publikation wurde weitgehend veröffentlicht in der im Hans Holzmann Verlag erscheinenden Wirtschaftszeitung für Handwerk und Gewerbe

Deutsche Handwerks Zeitung

3. Auflage 1991

Umschlaggestaltung: Hans Holzmann, Bad Wörishofen
Gesamtherstellung: Holzmann Druck, D-8939 Bad Wörishofen
ISBN 3-7783-0298-1
Artikel-Nr. 2303
Printed in Germany

Vorwort zur 3. Auflage

Marketing – als erfolgreichstes Instrument moderner Unternehmensführung – ist inzwischen auch in vielen Handwerksbetrieben kein Fremdwort mehr. Seine Umsetzung in die tägliche Praxis aber fällt den Verantwortlichen in mittelständischen Betrieben schwer. Die Methoden erscheinen zu theoretisch oder zu kompliziert, um in der Tagesarbeit Anwendung zu finden. Und selbst bei bestem Willen halten manche Unternehmer Marketing für zeitraubend und in einigen Betrieben mitunter für schwer durchsetzbar. Die alltäglichen Probleme und ein Übermaß an Arbeit überrollen häufig alle guten Vorsätze.

Aus meiner engen Zusammenarbeit mit Handwerksbetrieben der unterschiedlichen Branchen sind mir diese Sachverhalte bekannt. Das vorliegende Buch nimmt hierauf Rücksicht. Theorie und Praxis sind jeweils unmittelbar miteinander verbunden. Das grundlegende Wissen zu jedem Inhaltsteil kann direkt in die Tagesarbeit umgesetzt werden.

In dem vorliegenden Buch kam es darauf an, die Marketing-Prinzipien auf mittelständische Betriebe und besonders auf Handwerksbetriebe zuzuschneiden. Die Systeme und ihre Handhabung sind praxisnah und ohne großen Aufwand zu realisieren. Denn trotz guter Konjunktur geht es auch im Handwerk darum, neue Wege der Auftragsgewinnung zu finden. Sei es, um sich langfristig gegen den Wettbewerb durchzusetzen oder um mehr Aufträge mit interessanten Gewinnspannen abzuschließen.

Aus dem umfangreichen Gesamtpaket des Marketing-Wissens habe ich hier die Bereiche aufgegriffen und für mittelständische Betriebe aufgearbeitet, die für jedes Unternehmen von zentraler Wichtigkeit sind und die rasch und ohne extreme Aufwendungen an Zeit und Geld nutzbar gemacht werden können.

Jedes Thema ist in sich abgeschlossen. Man kann das Buch also auch kapitelweise nutzen, je nachdem, welcher Bereich gerade besonders interessiert. Dadurch muß es zwangsläufig gelegentlich zu Wiederholungen kommen. Ich habe mich jedoch bemüht, diese sehr selten zu halten, dafür auf andere Kapitel zu verweisen.

Alle Inhalte sind so aufgearbeitet, daß sie für kleinere Betriebe ebenso von Nutzen sind wie für große. Eine betriebswirtschaftliche Beratung soll dieses Buch allerdings nicht ersetzen. Reine Betriebswirtschaft – wie z. B. Kostenrechnung – wird hier nicht abgehandelt.

Die dritte Auflage dieses Buches habe ich grundlegend aktualisiert, um veränderte Sachverhalte zu berücksichtigen und neue Erkenntnisse einzufügen. Zum noch besseren Verständnis wurden einige Kapitel ergänzt und neue Kapitel angefügt. So zum Beispiel das Thema „Mitarbeitermotivation“, da Personalgewinnung und Bindung guter Mitarbeiter heute zu den wesentlichen Problemen im Handwerk gehören.

Es kam mir darauf an, ein praktikables Handbuch zu schaffen, das den Verantwortlichen von Handwerksbetrieben neue Wege zur Bearbeitung wichtiger betrieblicher Aufgaben aufzeigt.

INHALT

Zur Situation

Nachdem die Aussichten in den meisten Handwerksbranchen lange Zeit skeptisch beurteilt wurden, haben jüngste politische Entwicklungen und sich wandelnde Verbrauchertrends eine völlig veränderte Situation geschaffen.
Praktisch alle Handwerksbetriebe in unserem Land sahen sich in der Vergangenheit immer größeren Absatzproblemen gegenübergestellt. Seit sich Wirtschaft und Konjunktur nicht mehr stürmisch entwickeln, private Kunden sparsamer wurden und Firmenkunden vorsichtiger investierten, hatte sich der Wettbewerbsdruck in einem Maß gesteigert, der auch gesunden und erfolgreichen Unternehmen Anlaß zu großer Besorgnis gab. Weder kleine noch große Betriebe waren von dieser Entwicklung ausgenommen.
Nahezu allen Gewerken – auch der konjunkturell besonders hart betroffenen Bauwirtschaft – wird für Gesamtdeutschland jetzt eine hervorragende Entwicklung prognostiziert. Genaue Zahlen und Schätzungen von Zuwachsraten kann derzeit aber niemand nennen. Begründen läßt sich die hervorragende Prognose jedoch durch eine Vielzahl von Aspekten. Um nur einige Tatbestände zu nennen:

- Durch die Wiedervereinigung ist weitere Konjunkturbelebung für Deutschland zu erwarten, auch wenn aufgrund der Daten aus den östlichen Bundesländern die Zahlen von Betriebsschließungen und Arbeitslosen zunächst noch anwachsen.
- Trotz rückläufiger Bevölkerungszahlen – man rechnet damit, daß sie bis zum Jahre 2030 auf das Niveau von 1946 sinken werden – nimmt die Zahl der Haushalte ständig zu. Diese Entwicklung wird noch für weitere 10 Jahre angenommen. Für alle Handwerksleistungen, die nicht personen-, sondern haushaltsbezogen sind, bedeutet das wachsendes Marktpotential.
- Das Preisbewußtsein wächst zwar weiterhin in allen Kundengruppen, das Qualitätsbewußtsein jedoch auch. Für Handwerksbetriebe, die den höheren Anforderungen an das Preis-Leistungs-Verhältnis nachkommen können, ergeben sich hier ausgezeichnete Marktchancen.

- Der Trend zur Individualisierung hält an. Kein Marktpartner kann auf diesen Trend besser eingehen als das Handwerk.
- Kauf und Konsum werden emotionaler und erlebnishafter. Auch hierauf könnte sich das Handwerk wegen seiner unmittelbaren Kundennähe einstellen und entsprechende Erfolge erzielen.
- Mit 324 Millionen Einwohnern wird der europäische Markt zum größten westlichen Markt. Mit Chancen rechnet man für größere Betriebe mit mehr als 50 Beschäftigten, für Betriebe in grenznahen Standorten und für Spezialisten im hochqualitativen Bereich.

Auf der Gegenseite ist nicht absehbar, in welcher Weise politisches Geschehen auf die deutsche Konjunktur Einfluß nehmen wird. Es sei hingewiesen auf vier Komplexe, die unsere Lage wesentlich verändern könnten:

- Das Haushaltsdefizit der USA mit seinem gefährlichen Einfluß auf die Finanzwirtschaft.
- Der Übergang der Sowjetunion zur freien Marktwirtschaft, der sich – ob glücklich ausgehend oder nicht – auf die Weltwirtschaft niederschlagen wird.
- Die Unruhen im Nahostbereich, die im Augenblick, da diese Zeilen geschrieben werden, zu einem Krieg explodiert sind, zusammen mit den möglichen Folgen einer Energiekrise.
- Die Europäische Gemeinschaft, in die neue Partner hereindrängen und deren Entwicklung bei einer Währungsunion ebenfalls nicht abzusehen ist.

Als problematisch werden sich ferner einige für das Handwerk typische Sachverhalte erweisen:

- **Nachwuchs, Lehrlinge:** Die noch ganz günstige derzeitige Lage täuscht. Bereits 1988 sank die Zahl der stellensuchenden Jugendlichen erstmalig wieder unter die Zahl der Angebote an Ausbildungsplätzen. Der sogenannte „Pillenknick" mit rund 300 000 Geburten weniger pro Jahr macht sich jetzt bemerkbar. Die Tendenz zu akademischen Berufen hält an, trotz der hier ungünstigen Bedingungen für berufliches Vorwärtskommen.

  Lediglich im strukturschwächeren Norden ist genügend Lehrlingspotential vorhanden. Leider besteht eher wenig Bereitschaft zur Mobilität. Gute Nachwuchsaussichten gibt es bei Mädchen, die immer mehr Interesse an gewerblich-technischen Berufen zeigen, und bei jungen Ausländern. Deren Schulbildungsniveau wächst, und Sprachbarrieren existieren kaum mehr.

Personalwerbung im Lehrlingsbereich wird eine zunehmende Rolle spielen, ebenso wie das Image, ein guter Ausbildungsbetrieb zu sein.

- **Weiterbildung, Schulung:** Obwohl die Anforderungen an die Qualifikation der Mitarbeiter ständig steigen, wird im gesamten Handwerk für die Fortbildung wenig getan. Es wird nicht verstanden, daß es sich hier um einen permanenten Prozeß handelt, der niemals abgeschlossen sein kann. Neue Materialien und Techniken, dic dem Markt und der Rentabilität entsprechen, wird es immer wieder geben. Also auch immer wieder neue Anforderungen an das Personal.

  Abgesehen von handwerklich-technischen Schulungen wird auch wenig im Bereich betriebswirtschaftlichen und marketingmäßigen Denkens geschult, nicht einmal bei Mitarbeitern, die den Vertrieb der Arbeitsleistungen aktiv mittragen.

  Der Aspekt, daß Mitarbeiterschulungen nicht nur die Qualifikation fördern, sondern zugleich stark motivierend wirken, ist weitgehend unbekannt. Schulung gehört zu den wichtigsten Mitteln, Mitarbeiter zu binden und innere Einstellungen zum Betrieb zu verbessern. Im Zuge der Personalverknappung, vor allem bei guten Mitarbeitern, wird sich vieles ändern. Entsprechend wird auch das Angebot an externen und internen Schulungsprogrammen steigen.

Trotz aller positiven Aspekte sieht sich der Handwerksbetrieb auch in Zukunft weiterhin einem scharfen Wettbewerb gegenüber. Insbesondere gilt dies für den Kampf um Aufträge mit vernünftigen Gewinnspannen, denn Probleme bestehen nach wie vor bei den Ertragslagen von Handwerksbetrieben. Bezogen auf den Durchschnitt aller Handwerksbranchen waren sie seit 20 Jahren rückläufig. Auch wenn sie sich jetzt erholen, sind die meisten Betriebe an ein wirklich befriedigendes, reservebildendes Ergebnis noch nicht herangekommen.

Auch wenn die Konjunktur wieder anzieht, bleibt das Geld knapp. Hohe Arbeitslosenzahlen und ein gestiegenes Kostenbewußtsein verstärken bei privaten Kunden die Tendenz, sich mehr am Preis als an anderen Merkmalen zu orientieren. Dünner gewordene Kapitalreserven und knapper kalkulierte Umsätze zwingen Firmenkunden noch immer zu Zurückhaltung bei Investitionen.

Dennoch gibt es außer dem Preis Argumente und Wege, sich im Markt zu behaupten.

Es gilt für den einzelnen Betrieb, neue Wege zu finden, um die Auftragslage zu verbessern, den Kunden gegen die Konkurrenz für sich zu gewinnen und die Gewinne zu steigern.

Handwerksbetriebe sind traditionell eher produktionsorientiert. In der Vergangenheit ging es vor allem darum, gute Arbeit zu leisten. Gute Arbeit und gute Waren verkauften sich sozusagen von selbst. Kunden waren immer da, die Nachfrage war im allgemeinen größer als das Angebot. Stimmte das Angebot (worunter sowohl Arbeitsleistungen wie Waren zu verstehen sind), so brauchte man sich um den Abnehmer keine Gedanken zu machen.

Es war also nur naheliegend, sich hauptsächlich und am intensivsten um die Produktion zu kümmern. Der Begriff „Produktion" ist in diesem Zusammenhang rein wirtschaftlich zu sehen. Produktion ist ebenso die Herstellung einer Ware (z. B. Anfertigung von Möbeln, Kleidern oder Backwaren) wie die Erfüllung einer Arbeitsleistung (z. B. Verlegen von Elektroleitungen, Reparieren eines Motors oder Streichen einer Hausfassade).

Heute dagegen steht der Kunde mit seinen individuellen Wünschen und Kaufmotiven im Mittelpunkt des Interesses. Ihn gilt es als Käufer oder Auftraggeber zu gewinnen. Er allein entscheidet über den Erfolg Ihres Betriebes, indem er bei Ihnen kauft oder arbeiten läßt oder bei Ihrer Konkurrenz.

Es geht heute also in erster Linie darum, den Kunden gegen den Wettbewerb zu gewinnen, Waren und Arbeitsleistungen an den Kunden abzusetzen. Dabei ist es gleich, ob es sich um private Kunden oder um Firmenkunden handelt.

In diesem Buch beschäftigen wir uns mit den Methoden, die den Absatz sichern und den Gewinn steigern, dem Marketing. Wir werden nachweisen, wie es gelingen kann, den Kunden und seine Aufträge zu gewinnen und sich gegen den Wettbewerb durchzusetzen.

Teil I Marketing – eine Methode für den betrieblichen Erfolg

Teil I dieses Buches befaßt sich mit den Grundlagen des Marketing. Bevor Marketing in die tägliche Praxis umgesetzt werden kann, ist es notwendig, einige Begriffe zu klären und die Prinzipien des Marketing zu verdeutlichen. Diese fachliche Grundlage brauchen Sie als Voraussetzung für die dann folgende Marketingarbeit. Das Verständnis für die einzelnen Begriffe und die Methoden des Marketing wird erfahrungsgemäß sehr rasch Selbstverständlichkeit. Ohne diese Basis kommt es jedoch häufig zu Mißverständnissen, weshalb wir uns eingehend, jedoch praxisnah mit den wichtigsten Inhalten des Marketing auseinandersetzen wollen.

1. Bedeutung und Nutzen des Marketing für den Handwerksbetrieb

Marketing ist im Grunde eine Denkweise des Unternehmers. Marketinggerecht zu denken und zu handeln bedeutet, alle unternehmerischen Entscheidungen auf den bestmöglichen Absatz von Waren oder Dienstleistungen auszurichten.
Die Methoden des Marketing sollen das unternehmerische Risiko in bezug auf Absatzentscheidungen verringern. Gerade im Handwerk tendieren viele Betriebsinhaber und Unternehmer dahin, sich auf ihre Intuition, auf ihr Fingerspitzengefühl zu verlassen. Viele Entscheidungen folgen der Erfahrung oder dem Instinkt, und sie sind auch vielfach richtig.
Jedoch ist immer ein Unsicherheitsfaktor mit gefühlsmäßigem Handeln verbunden. Entscheidungen aus Eingebungen des Gefühls kön-

nen Fehlschlüsse enthalten. Wenn ein Unternehmer statt dessen nach Marketing-Prinzipien vorgeht, so berücksichtigt er planvoll und systematisch alle möglichen Störfaktoren auf seinem Markt und erhöht damit wesentlich die Sicherheit, keine falschen Entscheidungen zu treffen. Mit Hilfe des Marketing sichert er den Erfolg seiner und seiner Mitarbeiter Leistungen für die Zukunft.

Auftragsgewinnung nach Marketingmethoden hat inzwischen nicht nur der Industrie und großen Dienstleistungs-Unternehmen erhebliche Erfolge gebracht. Hier setzte sich das Marketing immer mehr durch, und heute gibt es kaum noch große Unternehmen, die nicht nach Marketingrichtlinien arbeiten. Aber auch eine ganze Reihe mittelständischer Betriebe, darunter Handwerksbetriebe, haben sich mit Erfolg der Prinzipien bedient, sie ganz oder wenigstens in Teilbereichen in die Tat umgesetzt.

Der Begriff „Marketing" und die dazugehörigen Methoden kamen ursprünglich aus den USA. Bei uns wurden sie sehr rasch von der Industrie aufgegriffen und haben sich so grundlegend durchgesetzt, daß größere und mittlere Unternehmen heute schon über Marketing-Spezialisten verfügen. Sie haben die Aufgabe, die Absatzerfolge in der Zukunft zu planen und alle entscheidenden Maßnahmen vor ihrem Einsatz in bezug auf die Marketing-Ziele zu überprüfen.

Die Methoden des Marketing sind allgemein gültig. Sie eignen sich keinesfalls nur für die Industrie oder nur für große Betriebe. Die Prinzipien des Marketing lassen sich auch auf Handwerksbetriebe, selbst auf sehr kleine Betriebe übertragen. Marketing ist weder abhängig von der Art der Waren oder Arbeitsleistungen, die ein Betrieb erstellt, noch von der technischen Ausrüstung oder der Zahl der Mitarbeiter eines Unternehmens.

Insofern ist Marketing allen Betrieben nützlich, auch Ihrem Betrieb. Selbst wenn Sie sich nicht in allen Einzelheiten den Methoden des Marketing anschließen, so hilft Ihnen das Marketing, auch wenn Sie es nur in Einzelbereichen einsetzen.

Dabei ist Marketing keinesfalls ein Fremdwort für eine geheimnisvolle Tätigkeit von hochspezialisierten Fachleuten, sondern es ist ein wirklich praktisches Hilfsmittel, das jeder intelligente Mensch

lernen kann. Es ist ein Hilfsmittel, das ohne extremen finanziellen und zeitlichen Aufwand angewendet werden kann.
Für jeden Handwerksbetrieb ist Marketing fast zwangsläufig ein sicheres Erfolgsrezept. Mit ihm kann man die Zukunft des Betriebes positiv programmieren. Für alle Unternehmen, die sich bisher nicht mit dem Marketing beschäftigten, scheint es zunächst mühsam, Marketing in die Praxis umzusetzen. Diese Aufgabe soll dieses Buch erleichtern. Es zeigt Ihnen, wie Sie die Marketingmethoden auf Ihren Betrieb übertragen und welchen Nutzen sie Ihnen bringen können. Im Verlaufe von übersichtlichen Schritten wird Ihnen Marketing vertraut und eine Arbeitsunterlage in die Hand geben, die Sie direkt für Ihre tägliche Arbeit verwenden können.
Von entscheidender Bedeutung ist dabei zunächst nur zweierlei:

- Sie müssen *mitmachen wollen*
- Sie müssen *durchhalten.*

Wie die meisten Unternehmer werden auch Sie unter erheblichem Zeitdruck stehen. Schon jetzt ist Ihr Arbeitstag mehr als ausgefüllt, Sie finden kaum eine Erholungspause. Wo also sollen Sie die Zeit hernehmen, um sich zusätzlich auch mit dem Marketing zu beschäftigen? Die Antwort: Marketing wird Sie später entlasten. Im Augenblick jedoch müssen Sie ihm Zeit und Konzentration widmen. Die einzelnen Arbeitsstufen des Programms sind aber so angelegt, daß Sie sie von Aufgabe zu Aufgabe in einzelnen Schritten bewältigen werden.

2. Marketing – eine unternehmerische Aufgabe

Sie als Unternehmer oder Geschäftsführer eines Handwerksbetriebes befinden sich in der problematischen Situation, sehr viele Berufe ausüben zu müssen. Außer dem Beruf, den Sie erlernt und in dem Sie wahrscheinlich eine Meisterprüfung abgelegt haben, müssen Sie noch eine Vielzahl von unternehmerischen Aufgaben wahrnehmen, die jede für sich im Grunde einen eigenen Beruf darstellt. Hierzu einige Beispiele:

- Investitionen – Finanzplanung, Rationalisierung, Produktionsablauf
- Kalkulationen – Einkauf und Verkauf, Preispolitik
- Personal – Verwaltung, Schulung, Gewinnung und Motivation
- Absatz – Gewinnung von Aufträgen, Beratung von Kunden, Verkauf, Service, Werbung usw.

Der wichtigste, allem übergeordnete Beruf ist Ihr Beruf als Unternehmer. Ein Unternehmer von heute muß immer zugleich auch ein Marketing-Mann sein, da vor allem anderen der Absatz wichtig ist. Dabei haben Sie sich im Grunde schon mit Marketing befaßt und Marketing praktiziert, da Sie sich ja auch immer schon um den Absatz kümmerten. Echtes Marketing bedeutet jedoch, planvoll und systematisch zu handeln. Um von der Fülle Ihrer unternehmerischen Aufgaben nicht überrollt zu werden, bleibt Ihnen keine andere Wahl, als möglichst rationell vorzugehen. Rationelles Vorgehen ist Ihnen im Bereich der Produktion, also bei der Herstellung von Waren oder Arbeitsleistungen, selbstverständlich geworden. Ebenso rationell lassen sich aber auch alle Maßnahmen gestalten, die den Absatz betreffen.

Meist nicht so systematisch und nach einem Plan wird der Absatz gehandhabt. Das liegt vor allem daran, daß im Handwerksbereich das Marketing noch relativ neu ist. Absatz ist jedoch die Arbeit, die Ihnen Umsatz bringt und für Ihren Gewinn von entscheidender Bedeutung ist. Damit ist der Absatzbereich mindestens ebenso wichtig wie Ihre handwerkliche Leistung oder wie Ihre betriebswirtschaftliche Arbeit.

Marketing ist also eindeutig eine unternehmerische Aufgabe. Ein Unternehmer betreibt Marketing, indem er sich bei allen Entscheidungen fragt, ob das, was er tun will, dem Absatz nützt, und wie er es tun muß, um maximalen Absatzerfolg zu erzielen. So kann Erfolg geplant werden und bleibt nicht dem Zufall überlassen.

Zusammenfassung

> Marketing ist eine unternehmerische Aufgabe im Handwerksbetrieb. Im Marketing werden alle Maßnahmen systematisch und planvoll auf den Absatzerfolg ausgerichtet.

Da der für das Marketing entscheidende Begriff „Absatz" häufig mit „Umsatz" verwechselt wird, sollen beide Begriffe noch einmal miteinander verglichen werden. Umsatz ist die Summe der in Rechnung gestellten Leistungen. Umsatz ist ein Teil des Absatzes, jedoch kommt hier noch das „Wie" dazu, d. h. die Art und Weise, wie Sie Kunden und Aufträge gewinnen. Absatz beinhaltet das gesamte Bemühen und den Verkauf oder Vertrieb von Waren und Arbeitsleistungen. Absatz ist damit der Begriff für das aktive Vorgehen, um zu Umsatz und Gewinn zu kommen.
Um festzustellen, ob sich die Auseinandersetzung mit dem Marketing für den eigenen Betrieb lohnt, gibt es einen sehr einfachen Weg. Lesen Sie die nachstehenden Fragen durch. Wenn Sie auch nur eine der Fragen mit Ja beantworten, so gehören Sie zu denjenigen, für deren Betrieb Marketing nützlich ist. Je mehr Fragen Sie mit Ja beantworten, um so größer muß Ihr Interesse am Marketing sein und um so mehr kann Ihnen das Marketing helfen.

- *Gibt es hinsichtlich Angebot (Waren oder Arbeitsleistungen), Kunden, Personal oder Betriebseinrichtungen Situationen, die Sie in Zukunft ändern wollen?*
- *Haben Sie in den letzten Jahren einen Verlust an Umsatz oder Gewinn hinnehmen müssen? Oder ist Ihre derzeitige Gewinnsituation unbefriedigend?*
- *Möchten Sie, daß Ihre Firma weiterhin expandiert?*
- *Glauben Sie, daß es in der Zukunft nicht einfacher wird, vernünftige Gewinne zu erwirtschaften?*
- *Glauben Sie, daß der Wettbewerb weiterhin scharf bleiben wird?*
- *Gibt es in Ihrem Betrieb Vorgänge, die den Absatz betreffen, die Sie gern verbessern würden?*

Die Hilfsmittel des Marketing sind sehr vielseitig. Wir werden uns nacheinander mit allen Marketing-Instrumenten beschäftigen, die für den Handwerksbetrieb nützlich sind. Sie werden dabei feststellen, daß Ihnen viele dieser Instrumente durchaus schon bekannt sind, daß man sie aber vielleicht noch erfolgreicher einsetzen kann. Um Ihnen einen kleinen Eindruck vom Marketing zu geben und um Ihnen zugleich das Marketing etwas vertrauter zu machen, greifen

wir einige Bereiche als Beispiele heraus, die zum Marketing gehören und mit denen wir uns unter vielen anderen im Verlaufe dieses Buches beschäftigen werden:
Werbung, Anzeigen, Handzettel und Verkaufsförderungsmaterial.
Verkäufe und Zusatzverkäufe.
Angebotsschreiben und Verhandlungen mit Kunden.
Serviceleistungen und Kundendienst.
Preisgestaltung.
Mitarbeiterschulung und deren Motivation.
Im nächsten Kapitel beschäftigen wir uns mit den wichtigsten Begriffen aus dem Marketing und geben Tips für ihre praktische Anwendung.

3. Marketing-Begriffe und Tips für ihre praktische Anwendung

In diesem Kapitel befassen wir uns mit Begriffen aus dem Marketing, die man kennen muß, um Marketing verstehen und richtig anwenden zu können.

3.1 Gesamtmarkt und Teilmärkte

Das Wort „Marketing“ kommt von „Markt“, und dies ist einer der wichtigsten Begriffe, mit denen wir uns befassen müssen. Unter „Markt“ verstehen wir das Zusammenspiel von Anbietern und Nachfragern. Der Markt einer Branche des Handwerks besteht also aus allen Betrieben, die ein bestimmtes Angebot liefern (gleich, ob Produkt oder Arbeitsleistung), und aus den Kunden, die dieses Angebot kaufen bzw. es in der Zukunft kaufen könnten.
Von Handwerk zu Handwerk sieht der Markt völlig unterschiedlich aus. Für einen Metzgerbetrieb besteht der Markt z. B. nicht nur in anderen Metzgereien, die ebenso wie er ein Ladengeschäft betreiben, sondern darüber hinaus aus allen Verkaufsstätten, in denen ebenfalls Fleisch und Wurstwaren angeboten werden, also auch

Verbrauchermärkte, Warenhäuser und ähnliches. Der Markt eines Maler- und Lackiererbetriebes dagegen besteht aus allen anderen Betrieben dieser Art in seinem Einzugsgebiet, aber auch aus Werkstätten, selbststreichenden Do-it-yourself und sogar aus Schwarzarbeitern.

Der Markt eines Handwerksbetriebes setzt sich also immer zusammen aus dem eigenen Betrieb und dem Wettbewerb, der auf sein Einzugsgebiet Einfluß nimmt, sowie aus der Gesamtheit aller Abnehmer.

Der „Gesamtmarkt" besteht aus allen Angeboten, die im Einzugsgebiet eines Betriebes offeriert werden, und aus dem gesamten Bedarf, den alle Kunden und Auftraggeber zusammen in diesem Gebiet haben bzw. haben werden. Unter „Einzugsgebiet" ist die weiteste Entfernung zu verstehen, die der Betrieb aufgrund seines Fuhrparks, seiner Filialen und seines Außendienstes noch erreichen kann.

Da ein Betrieb in seinem Einzugsgebiet nie allein ist, sondern auch Konkurrenz vorhanden ist, kann der Markt eines Einzelbetriebes nie so groß wie der Gesamtmarkt sein.

Nicht nur durch den Wettbewerb, sondern auch durch das Angebot eines Handwerksbetriebes schränkt sich der Markt des einzelnen Betriebes gegenüber dem Gesamtmarkt ein. Dies kann entweder dadurch zustande kommen, daß ein Handwerksbetrieb nicht voll ausgerüstet ist, um den gesamten Bedarf in seiner Branche zu befriedigen, oder aber durch die bewußte Spezialisierung auf besondere Angebote. So kann sich z. B. eine Schreinerei absichtlich auf Innenausbau und Messebau beschränken und auf die Anfertigung von Möbeln oder auf Reparaturen verzichten.

An diesem Beispiel zeigt es sich, daß sich der Gesamtmarkt aus Teilmärkten zusammensetzt. „Teilmärkte" sind größere Bereiche innerhalb des Gesamtmarktes, auf die sich ein Handwerksbetrieb konzentrieren kann. Die Abgrenzung eines Teilmarktes richtet sich nach dem Bedarf, d. h. nach den Wünschen, die Kunden und Auftraggeber haben. Bezogen auf die drei bereits erwähnten Beispiele kann dies folgendes bedeuten:

- Für einen Fleischereibetrieb können Teilmärkte das Ladengeschäft sein, die Gastronomie, die Kantinen oder auch die Herstellung ganz bestimmter Wurstwaren.
- Für den Schreinerbetrieb sind Teilmärkte der Innenausbau, der Messebau, die Reparatur oder Restauration von Möbeln, die Spezialanfertigung von Möbeln oder sogar Möbelhandel oder Beerdigungsinstitute.
- Für den Maler- und Lackiererbetrieb können Teilmärkte z. B. in der Altbaumodernisierung liegen, in der Renovierung von öffentlichen Gebäuden oder Industrieanlagen, der Neubau-Individualisierung oder in Ladengeschäften für den Do-it-yourself-Bereich.

Teilmärkte können sich verändern, da sie sich nach den Kundenwünschen richten. Wenn ein Angebot nicht mehr gefragt wird, so existiert dieser Teilmarkt nicht mehr, statt dessen können durch neue Gewohnheiten der Kunden neue Teilmärkte entstehen. Entscheidend für den Teilmarkt ist also immer, daß eine große Gruppe möglicher Kunden gleichartige oder ähnliche Probleme und Wünsche hat.

Um den Begriff Teilmarkt noch besser zu verstehen, wollen wir hier eine kleine Übung durchführen.

Bitte notieren Sie auf einem gesonderten Blatt einige Teilmärkte, die Ihnen für Ihren Handwerksbereich einfallen. Denken Sie dabei daran, daß es sich um Gebiete handelt, in denen Sie sich spezialisieren könnten, schon spezialisiert sind oder in denen Ihre Konkurrenz spezialisiert ist. Notieren Sie mindestens fünf verschiedene Teilmärkte Ihres Bereiches. Setzen Sie die Denkübung fort, indem Sie an die Zukunft denken. Welche Teilmärkte, die heute noch keine große Bedeutung haben, könnten eventuell in der Zukunft zu interessanten Teilmärkten werden? Bitte machen Sie sich auch hierzu entsprechende Notizen.

Zum Schluß noch eine dritte Frage: Welche Teilmärkte, die in Ihrem Handwerksbereich heute noch bestehen, können in der Zukunft eventuell an Bedeutung verlieren?

Bitte bedenken Sie bei dieser Gedankenübung, daß die Liste ein gutes Hilfsmittel sein kann, wenn es später um Fragen der Abhebung vom Wettbewerb, Spezialisierung und Werbung geht. Heben Sie die Liste also bei Ihren Marketing-Unterlagen auf.

3.2 Marktanteil und Marktsegment

Der Marktanteil ist ein Stück aus dem Gesamtmarkt, nämlich das Stück, über das ein Handwerksbetrieb aufgrund seines Angebotes und Umsatzes verfügt. Der Marktanteil wird gewöhnlich in Prozenten vom Umsatz des Gesamtmarktes ausgedrückt. Ein Handwerksbetrieb kann beispielsweise fünf Prozent seines Gesamtmarktes besitzen.

Marktanteile sind also Umsatzanteile. Der Vollständigkeit halber sei erwähnt, daß Marktanteile auch nach Volumen oder Stückzahlen ausgerechnet werden können. Für Handwerksbetriebe kommt diese Rechenmethode meist nicht in Frage.

In vielen anderen Märkten gibt es aufgrund von Marktforschungserhebungen Daten über Marktanteile. Solche Zahlen existieren für kleinere Betriebe und kleinere Märkte nicht; Sie können Ihren Marktanteil also nur schätzen. Diese Schätzung ist jedoch außergewöhnlich wichtig, damit Sie im Verlauf der Jahre die Entwicklung Ihres Betriebes im Vergleich zu Betrieben Ihrer Konkurrenz verfolgen können.

Der Marktanteil errechnet sich wie folgt:

Durchschnittlicher Gesamtumsatz pro Einwohner × Zahl der Einwohner im Einzugsgebiet = Marktpotential : Eigenen Umsatz = Marktanteil.

Denn nicht am absoluten Umsatz, sondern am Marktanteil kann man seinen Erfolg ablesen. Der Umsatz kann in konjunkturell schlechten Zeiten stagnieren, obwohl vielleicht der eigene Betrieb im Vergleich zu Wettbewerbern noch relativ günstig abgeschnitten hat. In diesem Fall hat sich der Marktanteil bei gleichem Umsatz vergrößert, also z. B. von fünf auf acht Prozent.

Das Marktsegment ist ebenfalls die Beschreibung für einen Teil des Marktes, der sich jedoch nicht in Umsatzprozenten ausdrückt. Das

Marktsegment wird mit typischen Eigenschaften des Marktes beschrieben, es ist also in gewisser Weise dem Teilmarkt ähnlich.
Im Gegensatz zum Teilmarkt wird das Marktsegment jedoch nicht nur durch Unterbereiche oder Arbeitsbereiche beschrieben, sondern es kommen andere Beschreibungsmerkmale hinzu.
Die wichtigsten Beschreibungsmerkmale führen wir Ihnen nachstehend auf. Um Ihnen auch hier ein sicheres Gefühl zu geben, haben wir wiederum eine Denkübung vorgesehen. Es ist in Ihrem Interesse, wenn Sie diese Übung durchspielen, denn auch diese Marketingunterlage ist für die spätere Ausarbeitung eines praktischen Marketingplanes nützlich.
Wir nennen Ihnen jetzt die wichtigsten Eigenschaften, die das Marktsegment beschrciben. Dazu führen wir Beispiele aus verschiedenen Handwerksbereichen an. Bitte übertragen Sie die Grundidee auf Ihren Handwerksbereich bzw. ergänzen Sie die Liste, wenn wir zufällig Ihren Bereich angesprochen haben.

Marktsegmentierungstabelle

a) Art des Angebotes

Produktgruppen, Dienstleistungen und Arbeitsleistungen eintragen, mit denen Sie Ihren Umsatz machen, siehe auch Teilmärkte.
Vergessen Sie nicht, hier auch Arbeiten einzutragen, die Sie als Subunternehmer leisten. Auch außergewöhnliche Arbeiten aus Ihrem Handwerksbereich (bei Malern z. B. denkmalspflegerische Arbeiten). Arbeiten aus anderen Handwerks- oder Industriebereichen (z. B. Möbelhandel, wenn Sie eine Schreinerei besitzen). Arbeiten als Sachverständiger oder Berater, Vertretungen und ähnliches. Differenzieren Sie genau zwischen Arbeitsleistungen und Herstellung von Produkten, sofern dies für Ihren Bereich in Frage kommt.
Wenn Sie im Nahrungsmittelhandwerk tätig sind, führen Sie hier nicht jedes einzelne Produkt Ihres wahrscheinlich umfangreichen Sortiments auf, sondern bilden Gruppen. Also z. B. bei einem Bäk-

ker: Brot, Brötchen, Kuchen, Torten, Saisongebäck, Kaffee, sonstige Handelsware.

b) Qualitätsniveau

Welchem Qualitätsniveau entsprechen Ihre Produkte oder Arbeitsleistungen? Konzentrieren Sie sich auf Spitzenqualität oder gute Standardqualität, bieten Sie preiswerte Massenqualität an? Bieten Sie vielleicht grundsätzlich billigste Produkte und Arbeitsleistungen, unabhängig von der Güte der Qualität, an? Sind für Sie andere Aspekte wichtiger als Qualität, z. B. Schnelligkeit der Lieferung? Welche Gedanken können sonst noch Einfluß auf die Beschreibung des Qualitätsniveaus Ihres Produktes haben?

c) Marktausdehnung

Wie groß ist Ihr Einzugsgebiet? Sind Sie standortlich beschränkt, wenn ja, in welchem Radius? Sind Sie vielleicht im allgemeinen Angebot standortlich beschränkt, jedoch in Spezialangeboten überregional vertreten? Beschreiben Sie Ihr Einzugsgebiet (eventuell getrennt nach Teilmärkten) in Kilometern Umkreis.
Benutzen Sie hierfür am besten einen Stadtplan oder eine Landkarte und zeichnen Sie Ihr Einzugsgebiet ein. Berücksichtigen Sie unbedingt verkehrstechnische Gegebenheiten und Hindernisse wie z. B. Autobahnen, Haltestellen öffentlicher Verkehrsmittel (wichtig bei Ladengeschäften), Flüsse. Die optische Darstellung des Einzugsgebietes macht manche Fehler und Zufälligkeiten offenbar und ist eine sehr aufschlußreiche Basis für neue Pläne.

d) Zielgruppen

An welche Personen, Interessengruppen oder Firmen geben Sie Ihre Produkte oder Arbeitsleistungen ab? Welches sind Ihre Kunden? Beschreiben Sie die wichtigsten Kundengruppen, vor allem auch hinsichtlich der Faktoren Privatkunden, öffentliche Auftraggeber oder Firmenkunden. Unterscheiden Sie bei Privatkunden wiederum nach Kunden eines Ladengeschäftes und Kunden, die nicht

in einem Ladengeschäft erreicht werden. Beschreiben Sie Ihre Zielgruppen auch nach den besonderen Wünschen, die hier vorkommen können (z. B. Gastronomie-Kunden für das Nahrungsmittelhandwerk, die besondere Wünsche haben).
Eine möglichst genaue Beschreibung der Zielgruppen ist die wichtigste Voraussetzung erfolgreichen Marketings. Beachten Sie die entsprechenden, später folgenden Kapitel ganz besonders.

e) Größe des Auftrages

Beschreiben Sie hier bitte, in welche Gruppen von Auftragsgrößen sich die Gesamtzahl Ihrer Aufträge (oder bei Ladengeschäften auch Einkäufe) unterteilen läßt. Sie können dies mit Von-bis-DM-Beträgen beschreiben oder in ihrer Relation zum Durchschnitt, z. B. weniger als der durchschnittliche Umsatz pro Kunde, usw.

3.3 Image

Image ist das Vorstellungsbild, das ein Kunde oder das alle Kunden zusammen von Ihrer Firma haben. Das, was dem Kunden einfällt, wenn er Ihren Firmennamen hört oder sieht. Je genauer dieses Vorstellungsbild ist, d. h. je konkreter es sich auf Ihre Firma bezieht, desto besser unterscheiden Sie sich von Ihrem Wettbewerb. Je positiver die Einzelheiten in diesem Vorstellungsbild sind, um so besser ist das Image Ihres Unternehmens.
Image wird durch jede Maßnahme gebildet, mit der Sie und Ihre Mitarbeiter in der Öffentlichkeit und bei Ihren Kunden auftreten. Damit ist nicht nur Ihr persönliches Auftreten gemeint, sondern z. B. auch Ihre Werbung, die Art, wie Sie ein Kostenangebot ausfertigen, der Stil, wie Sie Briefe schreiben usw. Imagebildung ist für einen Handwerksbetrieb unerläßlich. Daher sprechen wir jetzt über die wichtigsten vier Faktoren, die Sie sofort und ohne größere Vorarbeit in die Praxis umsetzen können.
Verwechseln Sie Image nicht mit Bekanntheitsgrad. Natürlich ist es wünschenswert und wichtig, bei möglichst vielen Personen der Zielgruppe bekannt zu sein. Kaufentscheidend ist aber, in welcher Wei-

se man bekannt ist. Welche Vorstellungen verbinden sich mit dem Bekanntheitsgrad? Sind sie so konkret und positiv, daß der Kunde bei Ihnen kauft und nicht bei der Konkurrenz? Wenn man zwar sehr bekannt ist, aber ein schlechtes Image hat, wird man keinen Erfolg haben.
Überprüfen Sie einmal, wie weit die nachstehenden Gesichtspunkte durch Sie und Ihre Mitarbeiter in Ihrem Unternehmen berücksichtigt wurden. Und wenn das eine oder andere für Sie bisher bloße Theorie war, so können Sie vielleicht bald schon beginnen, an Ihrem Image zu arbeiten, auch wenn Sie sich noch nicht detailliert mit dem Marketing beschäftigt haben.

a) Firmenschriftzug, Firmenzeichen

Obwohl das Image über Ihre Firma im Kopf Ihres Kunden entsteht, braucht es doch nach außen ein Kennzeichen, ein typisches Merkmal, an dem der Kunde Ihre Firma wiedererkennt. Am besten geeignet ist hierzu Ihr Firmenname, den Sie durch grafische Hilfsmittel charakteristisch gestaltet haben, z. B. durch eine originelle Schrift.
Sie können aber auch ein abstraktes Firmenzeichen entwickeln. Dabei ist zu beachten, daß Firmenzeichen nur schwer gelernt werden. Der Kunde wird im täglichen Leben mit sehr vielen Zeichen und Symbolen konfrontiert. Untersuchungen haben gezeigt, daß selbst Zeichen sehr bekannter und großer Unternehmen sich nur schwer einprägen. Wenn Sie also nicht bereits ein Firmenzeichen besitzen, so empfiehlt es sich, besser mit einem charakteristischen Firmenschriftzug oder mit einer Kombination von beidem zu arbeiten.
Gleich, ob Sie mit einem Firmenschriftzug oder mit einem abstrakten Zeichen arbeiten, sollte dieses typische Merkmal überall auftauchen, d. h. in der Werbung, auf Firmenschildern, auf Briefbögen, Autobeschriftungen usw. Es kann gar nicht oft genug verwendet werden. Es sollte so selten wie möglich verändert werden. Es soll über lange Zeit Gültigkeit besitzen, muß aber andererseits dem Stil der Zeit entsprechen. Wenn das Zeichen oder der Schriftzug also

veraltet ist, so empfiehlt sich eine vorsichtige Modernisierung, damit nicht auch der Betrieb ein veraltetes Image bekommt.
Die Grundregeln für die Gestaltung des Firmenschriftzuges oder des Firmenzeichens sind:

- Es muß zeitgemäß sein. Es kann modern oder traditionell, aber nicht altmodisch sein.
- Es muß sympathisch wirken.
- Es sollte beim ersten Anblick deutlich machen, um welche Art von Handwerksbetrieb es sich handelt (Branche), wenigstens vom Stil her oder durch Symbole.
- Es muß relativ auffällig sein, um Signalwirkung zu besitzen und um leichter gelernt zu werden.
- Es darf keine Ähnlichkeit mit Zeichen Ihrer Konkurrenten haben.

Die Firmenfarben tragen wesentlich zur Differenzierung vom Wettbewerb bei. Wählen Sie Farben, die zu Ihrem Handwerksbereich passen. Sind Ihre Lieblingsfarben bereits vom Wettbewerb besetzt, dann suchen Sie gezielt nach abweichenden Farben. Im allgemeinen reichen zwei Farben plus Weiß zur Charakterisierung eines Firmenschriftzuges aus.

b) Slogan

Hierunter versteht man eine kurze Aussage, die die wichtigsten Informationen über Ihren Betrieb enthält. Auch diese Aussage soll Ihr Unternehmen vom Wettbewerb unterscheiden. Die Aussage kann sich auf Ihr Angebot (Produkte oder Arbeitsleistungen) oder auf einen besonderen Service beziehen. Sie kann sich auch auf eine besonders vorteilhafte Arbeitsmethode beziehen, also z. B. besonders freundliche Bedienung. Der Slogan sollte kurz sein und wie das Firmenzeichen möglichst selten verändert werden. Der Slogan ist eine Ergänzung des Firmenschriftzuges und dient der Charakterisierung Ihres Unternehmens.
Bitte denken Sie daran, daß die reine Aufzählung bestimmter Produkte oder Arbeitsleistungen kein Slogan ist. Der Kunde soll durch den Slogan ein besonderes Versprechen bekommen, das für Ihr

Unternehmen Image bildet. Solche Versprechen können sich z. B. auf die Qualität Ihrer Produkte oder Arbeitsleistungen beziehen, auf Ihren hervorragenden Kundendienst oder ähnliche Vorteile. Ein Slogan soll phonetisch klingen, darf also keine Stolperer und falschen Rhythmus enthalten. Ein gutes Beispiel gibt der Mercedes-Benz-Slogan „Ihr guter Stern auf allen Straßen“. Der Slogan steht am besten unmittelbar beim Firmenschriftzug. Dann wird er direkt mit diesem zusammen gelernt.

c) Auftreten in der Öffentlichkeit

Auch für das Auftreten in der Öffentlichkeit, z. B. bei Tagungen einer Innung, bei Vereinsversammlungen, im Gemeinderat, vor der Presse, sollten Sie sich einen eigenen Stil zulegen. Das gilt auch für Ihre Mitarbeiter. Der persönliche Stil sollte nachstehenden Grundregeln folgen:

- Informiert sein.
- Interessiert und aufgeschlossen reagieren.
- Sachlich bleiben.
- Kritik mit konstruktiven Vorschlägen verbinden.
- Einsichtig, menschlich und freundlich handeln.
- Eine individuelle, persönliche Note besitzen.

d) Auftreten beim Kunden

Hierzu gehört ganz allgemein ein sauberes äußerliches Erscheinungsbild, wie es durch Firmenfahrzeuge, Ladenausstattungen, Arbeitskleidung, Referenzmappen, Firmenschilder usw. hergestellt wird. Vor allem gehören dazu aber das gute Verkaufsverhalten, d. h. der gute Umgang mit Ihren Kunden, und gute Werbemaßnahmen.

Am intensivsten und nachhaltigsten wird Image ganz sicher im Gespräch mit dem Kunden gebildet. Hier entscheidet es sich meist, ob ein Kunde zufrieden ist und aufgrund dessen eventuell von einem gelegentlichen Kunden zu einem Stammkunden wird bzw. anderen von Ihrem Betrieb erzählt.

3.4 Bedarf und Bedarfsbündelung

Im Marketing steht der Kunde im Mittelpunkt des Interesses. Kundenwünsche und Kundenprobleme sind also von ausschlaggebender Wichtigkeit. Die Waren oder die Arbeitsleistungen, die Ihre Kunden von Ihnen und Ihren Konkurrenten erwarten, sind der Bedarf. Alles, was ein Kunde braucht, um zu wohnen, Auto zu fahren, seine Arbeit ausüben zu können, um zu essen usw., ist Bedarf. Bedarf ist also die Art der Produkte oder Arbeitsleistungen, es ist die Zahl und die Menge, in der er diese Produkte oder Arbeitsleistungen braucht. Und es ist der Nutzen, den er von Ihren Angeboten hat.

Die Beschreibung des Bedarfs deckt sich mit Ausschreibungen oder Auftragsbeschreibungen, sofern es sich um Arbeitsleistungen wie Reparaturen, Anfertigungen, Ausbau und ähnliches handelt. Handelt es sich um Waren, so hat der Kunde seinen Bedarf im Kopf oder auf einem Einkaufszettel. Hinzu kommen aber noch die verdeckten Wünsche, die nirgendwo zu Papier gebracht werden. Mit dem Kauf von Waren oder Dienstleistungen wird meist zugleich auch emotionaler Bedarf befriedigt. Zum Beispiel Genuß, Frische oder Gesundheit bei Nahrungsmitteln. Oder Prestige, Sicherheitsbedürfnis, Machtbedürfnis, Traditionsbewußtsein – um einige weitere Beispiele zu geben. Diese verdeckten Wünsche bezeichnet man auch als Kaufmotive. Sie wechseln von Branche zu Branche und von Zielgruppe zu Zielgruppe.

Untersucht man den vom Kunden beschriebenen Bedarf einmal näher, so macht man sofort eine überraschende Feststellung: Es handelt sich selten nur um einen einzigen Bedarf, sondern um die Befriedigung einer ganzen Reihe von Bedürfnissen. Dieses Bedürfnispaket nennt man ein Bedarfsbündel.

Das Bedarfsbündel kann Schlüssel zu einem interessanten Erfolgsrezept sein. Dabei wird davon ausgegangen, daß es einfacher ist, mit einem Kunden, für den man gerade arbeitet oder den man in seinem Laden hat, Zusatzgeschäfte zu machen, als neue Kunden zu gewinnen.

Mehr verkaufen mit Hilfe der Bedarfsbündelung

Kunden haben sehr unterschiedliche Wünsche, und auch wenn zwei Kunden das gleiche kaufen oder in Auftrag geben, so kann dies doch ganz unterschiedliche Gründe haben. Man kann davon ausgehen, daß jeder Kunde ein unterschiedliches Bedarfsbündel hat. D. h., es gibt unzählige Kombinationsformen innerhalb von Einzelleistungen, die Sie anbieten. Je umfangreicher der Grundbedarf ist, um so unterschiedlicher sind auch die Bedarfsbündel. D. h., daß der Kunde, der in einem Bäckereiladen seinen Sonntagsbedarf deckt, natürlich ein kleineres und weniger umfangreiches Bedarfsbündel hat als ein Kunde, der sich eine Villa renovieren lassen will.
In allen Fällen lassen sich jedoch Zusatzgeschäfte machen. Dabei sind drei Regeln zu beachten.

- *Regel Nr. 1*

Kein Kunde kennt seinen vollständigen Bedarf. Gehen Sie davon aus, daß bei jedem Kunden ein zusätzlicher Bedarf zu wecken ist.

- *Regel Nr. 2*

Versuchen Sie immer, Produkte oder Arbeitsleistungen mitanzubieten, die in das Bedarfsbündel passen, also Ergänzungen zum geforderten Grundbedarf darstellen.

- *Regel Nr. 3*

Bieten Sie diese zusätzlichen Angebote so an, daß Sie dem Kunden zwingend notwendig oder wenigstens sehr verlockend erscheinen. Das nennt man einen „Bedarf wecken“.
Grundsätzlich gibt es drei Möglichkeiten, um das Bedarfsbündel eines Kunden aufzuspüren und um ihm dann entsprechende Ergänzungsangebote zu machen:

a) Nach dem sachlichen/rationalen Nutzen

Erstellen Sie zunächst eine Liste aller Angebote, die Sie liefern oder leisten können. Falls diese nicht sowieso schon vorhanden ist, so kann Ihnen die Marktsegmentierungs-Tabelle eine wertvolle Hilfe sein. Wenn Sie einen Kostenvoranschlag abgeben sollen, so überlegen Sie aufgrund der Angebotsliste, welche Angebote Sie zusätzlich vorschlagen können. Dieses Angebot muß natürlich in einem sinnvollen Zusammenhang mit dem Auftrag stehen.

Bieten Sie diese Zusatzangebote auf einem gesonderten Blatt an, und kennzeichnen Sie diese ausdrücklich als Zusatzvorschlag.

Bei der Auswahl der Zusatzangebote richten Sie sich in diesem Falle nach dem rationalen Nutzen, den der Kunde aus seinem Auftrag haben will.

Beispiel 1: Eine mittelgroße Firma will einen neuen Konferenzraum einrichten. Der Raum soll durch Trennwände so variabel gestaltet werden, daß er sowohl für kleinere als auch für größere Konferenzen geeignet ist. In ihm sollen außerdem eine Reihe technischer Geräte, wie z. B. Leinwand und Diaprojektoren, untergebracht werden. Der Auftrag lautet dahin, daß Sie den Innenausbau durchführen sollen. Sie geben ein Angebot ab, das genau diesen Wünschen folgt. Zusätzlich aber schlagen Sie vor, einen Teil der Seitenwände mit Einbauschränken zu versehen, in denen Garderoben, Schulungsmaterial und ähnliches untergebracht werden können. Der rationale Nutzen für den Auftraggeber liegt darin, die zur Verfügung stehende Fläche optimal auszunutzen.

Ihrem Kostenangebot über die bestellte Arbeit fügen Sie den Vorschlag bei und nennen auch gleich die Kosten. Eventuell legen Sie auch entsprechende Skizzen bei.

Beispiel 2: Eine Bäckerei mit einem Geschäft in Citylage schenkt dort Kaffee aus. Naheliegend ist nun, dem hier Erholung suchenden Kunden Kaffee mit einem Stück Kuchen oder einem Snack als Kombinations-Angebot zu einem festen Preis zu empfehlen.

Die beste Möglichkeit, ein Bedarfsbündel zu erkennen und zu nutzen, ist es, sich den sachlichen Zweck klarzumachen, den der Kunde mit seinem Auftrag verfolgt, und ergänzende Angebote zu finden, die diesen Zweck optimal unterstützen helfen.

Bei Ladengeschäften ist es wichtig, das Verkaufspersonal dahingehend zu schulen, daß es den Grundnutzen des Kunden erkennt und ihm entsprechende zusätzliche Angebote macht.

Prämien für Umsatzsteigerungen können wirkungsvoll helfen, Ihre Forderung nach Zusatzverkäufen auch wirklich durchzusetzen. Beispiel: Ein Kunde in einer Metzgerei besteht auf besonders magerem Fleisch und verweist auf eine Diät, die er gerade durchführt. Die Verkäuferin könnte nun z. B. eine besondere Spezialität des Geschäftes, nämlich Diätwurst, anbieten. Einem anderen Kunden in dem gleichen Laden kommt es offenbar darauf an, sich mit dem Kochen sowenig Arbeit wie möglich zu machen. Da diese Kundin wahrscheinlich auch seltener einkauft, müßte es relativ leicht sein, ihr vorbereitete Fleischwaren (bereits panierte Schnitzel, fertige Schaschlikspieße) für den Bedarf von mehreren Tagen zu verkaufen. Es empfiehlt sich an dieser Stelle, eine Denkübung durchzuspielen. Nehmen Sie sich ein Blatt Papier und notieren Sie, was Sie unter solchen sachlichen Gesichtspunkten in Ihrem Bereich als Zusatzangebote anbieten könnten. Überlegen Sie dies vielleicht anhand einiger konkreter Fälle, mit denen Sie sich gerade beschäftigen. Das Denken an Zusatzverkäufe erfordert wenig Zeit und Mühe, sondern ist lediglich ein Training in der ersten Zeit. Im Laufe der Zeit bekommen Sie und Ihre Mitarbeiter hierin viel Routine.

b) Nach dem psychologischen/emotionalen Nutzen

Diese Charakterisierung gilt hauptsächlich für Privatkunden. Die Psychologie hat einige grundsätzliche Merkmale erarbeitet, von denen jeder Mensch eines oder mehrere besitzt. Er wird immer geneigt sein, diesen Merkmalen zu folgen. D. h., er fühlt sich unbewußt angesprochen, wenn ihm dieses psychologische Merkmal begegnet. Die Psychologen nennen diese Merkmale „Motivationen“ oder auch „Kaufmotive“ und ordnen die Menschen danach in psychologische „Typen“.

Man muß nun kein Psychologe sein, um diese wichtigsten Grundtypen erkennen zu können. Und obwohl die Grundtypen voneinander abweichen, je nachdem um welche Bedarfsgruppe (d. h. in Ihrem Falle, um welches Handwerk es sich handelt), gibt es doch gewisse Grundeigenschaften, die immer wieder auftauchen.

Wir wollen Ihnen diese Grundeigenschaften jetzt kurz charakterisieren und erläutern, wie Sie mit Hilfe dessen Zusatzgeschäfte machen können.

- *Der Prestigebewußte*

Er ist geltungsbedürftig, ist auf sein gutes Ansehen gegenüber anderen aus. Er kauft gern Teures und Seltenes. Er hat gern Gäste und zeigt diesen und seinen Bekannten, was er Teures gekauft hat. Man muß den Dingen jedoch ansehen, daß sie teuer und luxuriös sind.

- *Der Gesundheitsbewußte*

Was er kauft, beurteilt er nach dem Gesichtspunkt der körperlichen Bekömmlichkeit. Er ist empfänglich für alle Argumente, die sich auf Diät, Fitneß oder Umweltschutz beziehen. Der Trend zum „gesunden Leben" hält seit Jahren unvermindert an.

- *Der Umweltbewußte*

Immer mehr Menschen reden nicht nur über Umweltschutz, sondern verhalten sich aktiv umweltbewußt. Die eigene Bequemlichkeit darf zwar nicht zu sehr eingeschränkt werden, aber leichte Nachteile (z. B. auch höhere Preise) nimmt man für umweltschützende Produkte und Maßnahmen in Kauf. Umweltbewußte kommen in höheren sozialen Schichten und in Familien mit kleinen Kindern überdurchschnittlich häufig vor.

- *Der qualitätsbewußte Konservative*

Er kauft nur bewährte Qualität und gibt dafür auch mehr Geld aus. Er geht nicht gern ein Risiko ein, sondern kauft Bewährtes. Er besitzt ein ausgeprägtes Traditionsbewußtsein.

- *Der Bequeme*

Der Bequeme ist oft nicht grundsätzlich bequem, sondern hat seine Interessen an anderer Stelle. Er ist vielleicht ganz auf seinen Beruf oder sein Hobby konzentriert. Er versucht, sich von anderen Dingen frei zu machen. Er kauft alles, was ihm Zeit spart, oder was ihm für seine Interessen seinen Kopf freihält.

- *Der Neuheiten-Begeisterte*

Er möchte auf jeden Fall modern sein und kauft alles, was den Anschein der Neuheit hat. Nach außen will er seine Fortschrittlichkeit betonen, weshalb er meist sehr technisiert lebt. Er eifert modernen Vorbildern nach und spricht sofort auf das Wort „Neu“ an.

- *Der Sonderangebots-Fanatiker*

Er kauft grundsätzlich Sonderangebote, auch wenn er sie nicht braucht und ohne zu vergleichen. Er ist wenig qualitätsbewußt, typischer Restekäufer und kauft meist spontan, ohne längere Vorplanung. Auf diese Weise fällt er oft herein, weil er schlechte Qualität kauft oder Dinge, die er gar nicht braucht. Er neigt zur Überbevorratung.

- *Der ängstliche Anpasser, Konformist*

Er macht immer das, was bereits eine Mehrheit tut. Er ist empfänglich für beruhigende Argumente und riskiert nie etwas. Er bildet sich selten eine eigene Meinung. Er kauft nie neue Dinge, sondern nur Produkte, die sich bewährt haben.

Die psychologischen Grundtypen erkennen Sie meistens an ihrem Auftreten und ihrem Verhalten. Sie erkennen sie an Produkten, die sie kaufen, und an Argumenten, die sie benutzen. Sagt z. B. ein Kunde von sich aus: „Das ist gesünder“, so können Sie daraus schließen, daß er auch bei anderen Produkten oder Arbeitsleistungen auf das Argument „Gesundheit“ Wert legt.

Schulen Sie sich und Ihre Mitarbeiter darin, Kunden aufgrund ihrer psychologischen Grundtypen zu erkennen. Machen sie Ihnen entsprechende Zusatzangebote.

Auch hierzu eine Gedankenübung: Stellen Sie sich bitte jeden dieser psychologischen Grundtypen als Kunden in Ihrem Geschäft oder als zukünftigen Auftraggeber vor. Überlegen Sie sich bei jedem Typ, was er wohl als Grundbedarf kaufen oder bestellen könnte, und überlegen Sie nun, welche Zusatzangebote Sie ihm machen können.

c) Nach dem Qualitätsniveau

Kunden wissen oft selber nicht, welche Qualität die Ware oder die bestellte Arbeit haben soll. Auch im Verkaufsgespräch oder in der Ausschreibung wird dies oft keinesfalls klar ersichtlich. Der Kunde kann sich sowohl nach oben als auch nach unten irren. Er kann seine Vorstellungen ändern, wenn ihm ein Angebot günstiger, attraktiver oder sonstwie interessanter erscheint.

Wenn die vorgesehenen Waren oder Leistungen dem Kunden noch nicht klar sind, sollte man verschiedene Alternativen anbieten. Diese sollte man klar in bezug auf die Qualität und verbunden damit in bezug auf den Preis voneinander unterscheiden. Natürlich muß man dem Kunden qualitative Argumente liefern, es genügt nicht, auf die Preise zu verweisen.

Beispiele: Eine getrüffelte Kalbsleberwurst schmeckt besser, weil die Trüffel einen besonders feinen Duft geben, nicht weil sie teurer ist. Oder aber eine Tapete ist wertvoller, weil sie in mehr Farben gedruckt und darüber hinaus abwaschbar ist, und nicht weil sie einfach mehr kostet.

3.5 Wettbewerb und Wettbewerbsvorsprung

Im Markt gibt es gewöhnlich mehr Anbieter als Nachfrager. Das heißt, es wird nicht jedes Angebot angenommen. In Zeiten der Hochkonjunktur fällt das nicht so auf, weil der Anbieter auf andere Kundengruppen ausweichen kann. Wobei er dann allerdings meist niedrigere Gewinne in Kauf nehmen muß.

Anders ist das nur bei wirklichen Neuerungen, aber auch da zieht der Wettbewerb häufig rasch nach. Die Anforderungen an besondere Service-Leistungen wachsen. Sie werden diese Erfahrungen sicher auch schon gemacht haben. Und das ist nicht nur in Ihrer Branche so, sondern in der gesamten Wirtschaft.

Man muß also immer mit einem scharfen und attraktiven Wettbewerb rechnen. Das braucht aber keinesfalls ein Grund zur Resignation sein. Man sollte nur die Zeichen der Zeit rechtzeitig erkennen und dafür Sorge tragen, daß sich die Situation nicht weiterhin verschlechtert. Eine ständige, fortlaufende Verbesserung des Betriebes und der Arbeitsabläufe und eine maßvolle Vergrößerung des Marktes sind die besten Voraussetzungen, um Erfolg zu haben und um auch Krisenzeiten in der Zukunft ohne existentielle Probleme zu überstehen.

Wie sichert man sich gegen seinen Wettbewerb ab?

Die Antwort klingt zunächst ganz einfach: Indem man nicht hinter anderen herhinkt, sondern immer einen kleinen Schritt voraus ist. Indem man ein bißchen wacher, hellhöriger und aktiver ist und rascher reagiert als der Wettbewerb.

Dies nennt man einen Wettbewerbsvorsprung.

Dazu gehört natürlich, daß die Waren oder Leistungen, die man seinen Kunden anbietet, marktgerecht sein müssen. Sie müssen in der Qualität mindestens dem entsprechen, was Ihre Konkurrenz anbietet, und sie müssen im Preis einigermaßen vergleichbar sein. Besseres darf zwar teurer sein, aber die Relation muß stimmen. Auch hier gibt es wie überall seltene Ausnahmen, die jedoch das Prinzip nicht insgesamt widerlegen.

Zum Wettbewerbsvorsprung gehört vor allem, daß man dem Kunden ein klein bißchen mehr bietet. Ein bißchen mehr an Interesse an Kundenproblemen und Wünschen, an besonderen Serviceleistungen oder an Qualität.

Hierzu einige Beispiele:

- Ein Friseur hält für Kundinnen, die ihre Haare färben lassen wollen, eine genaue Auswahl an Perücken bereit, mit Hilfe derer die Kundinnen erst einmal feststellen können, ob ihnen die Farbe gefällt.
- Ein Kunsttischler, der sich auf die Restaurierung alter Möbel spezialisiert hat, unterhält nicht nur ein Lager alter Furniere, sondern berät seine Kunden anhand von Stilkunde-Büchern über die richtigen Intarsienornamente, Beschläge usw.
- Ein Raumausstatter bietet nicht nur die üblichen Teppiche, Gardinen und Tapeten an, sondern kümmert sich auch um die Beleuchtungsverhältnisse des Raumes. Er bietet Lampen an und

löst die technischen Probleme mit einem befreundeten Elektriker.
- Ein Juwelier verkauft nicht nur fertigen Schmuck, sondern hat unter dem Ladenpersonal eine ausgebildete Goldschmiedin, die die Kunden sofort über die beste Art und die Kosten von Reparaturen aufklärt.

Da sich letztlich dieses ganze Buch mit dem Gewinn eines Wettbewerbsvorsprunges beschäftigt, fügen wir in diesem Falle keine Denkübung an.

4. Instrumente für das Marketing des Handwerkers

Fünf Instrumente des Marketing sind für Handwerksbetriebe entscheidend. Sie stellen gewissermaßen das Handwerkszeug des Marketingmannes dar. Sie sind die Grundlage, um den Erfolg zu planen und um sich gegen Wettbewerber durchzusetzen. Werden diese fünf Instrumente richtig geplant und systematisch gehandhabt, so muß sich der Handwerksbetrieb positiv entwickeln. Der Betrieb erreicht die Ziele, die er sich in bezug auf seine Kunden und seinen Absatz gesetzt hat.

Dieses Kapitel hat die Aufgabe, Sie mit den Marketinginstrumenten so weit vertraut zu machen, daß Sie in der Folge Sicherheit bei der Ausarbeitung und Durchführung Ihrer Marketingpläne bekommen. Dabei handelt es sich im Prinzip nicht um neue Begriffe, sondern es geht lediglich darum, an sich schon bekannte Begriffe in das Marketingdenken einzubetten.

Es geht also darum, die wichtigsten Bereiche herauszuarbeiten und klarzustellen, wie sie unter dem Gesichtspunkt des Marketing gesehen und behandelt werden müssen.

4.1 Das Angebot

Im Marketing versteht man unter „Angebot" nicht etwa die schriftliche Abgabe von Preisen (z. B. als Kostenvoranschlag) oder gar

Angebote im Sinne von „Sonderangeboten" aus dem Handelsbereich, sondern es handelt sich um alle Waren und Arbeitsleistungen, die ein Handwerksbetrieb erbringen kann. Das Angebot Ihres Handwerksbetriebes ist also die Palette von Produkten und auch von Dienstleistungen, die Sie Ihren Kunden anbieten können. Das Angebot ist Ihre handwerkliche Tätigkeit, es sind Gegenstände und Arbeitsleistungen, die Sie Ihren Kunden verkaufen.

Das Angebot sieht von Handwerksbereich zu Handwerksbereich äußerst unterschiedlich aus. Zur Verdeutlichung nennen wir Ihnen hier einige Beispiele:

- Bei Malern und Lackierern übliche Arbeiten wie Streichen, Tapezieren, Putzarbeiten, Verarbeiten von Decken- oder Bodenbelägen, aber auch spezielle Arbeiten wie Korrosionsschutz, Schall- und Wärmedämmung usw. oder unübliche wie Vertretungen der Industrie, denkmalpflegerische Arbeiten und anderes. Führt ein Maler ein Ladengeschäft, so stellen selbstverständlich auch die dort angebotenen Waren das Angebot dar.
- Bei Schreinereien kann das Angebot sowohl im Bau wie im Reparieren von Möbeln liegen, es kann Innenausbau von Wohnungen oder Geschäftsräumen sein, Messebau und Bauschreinerei. Es kann ebenfalls in der Vertretung von Industrieprodukten (z. B. Einbausysteme) bestehen, kann bis in den Möbelhandel hineinreichen, usw.
- Bei einem Elektroinstallateur liegt das Angebot meistens ausschließlich im Dienstleistungsbereich. Dies kann von der Montage in Neubauten der Industrie oder im Wohnungsbau reichen bis hin zur Reparatur von Haushaltsgeräten. Aber auch Spezialangebote gehören hier hinein, wie z. B. der Verkauf und die Installation von Nachtstromspeicherheizungen, Saunaanlagen, Tonanlagen, Alarmsystemen usw. bis hin zu Ladengeschäften.
- Im Nahrungsmittelhandwerk besteht das Angebot meist weniger in Dienstleistungen als in Waren, die der Nahrungsmittelhandwerker selbst produziert oder aber im Großhandel einkauft und über seine Einzelhandelsgeschäfte absetzt.
- Im Kfz-Handwerk ist die Mischung von handwerklicher Dienstleistung und Handel besonders ausgeprägt, da das eine Angebot

(Autokauf) das andere Angebot direkt nach sich zieht (Wartung, Reparaturen).

Unter Angebot versteht der Marketingmann also alle Waren und Dienstleistungen, für die der Kunde bereit ist zu bezahlen. Angebot ist also das, was Geld in Bewegung setzt, was sich direkt im Umsatz niederschlägt.

Im Marketing geht es darum, dieses Angebot so interessant wie möglich zu gestalten und dem Kunden das Gefühl zu geben, daß dieses Angebot genau auf die Wünsche und Interessen des Kunden paßt. Wie muß ein Handwerksbetrieb sein Angebot gegenüber seinen verschiedenen Kundengruppen herausstellen, daß es sich gegen das Angebot der Wettbewerber abhebt? Hierbei spielen Preise natürlich eine wichtige Rollc. Dennoch wird die Bedeutung von Preisen überschätzt. Untersuchungen lassen erkennen, daß es – bedingt durch breite Verbraucherinformationen – viele Verbraucher gibt, denen es auf das richtige Preis-Leistungs-Verhältnis ankommt.

Für eine große Gruppe von Menschen ist z. B. der Gesichtspunkt der Qualität bedeutsam. Diese Kunden geben lieber etwas mehr aus, um gute Produkte zu haben, mit denen sie entweder auf andere Eindruck machen können oder die ihren Wert länger behalten. Eine andere große Gruppe von Menschen legt immer mehr Wert auf die persönliche Bequemlichkeit. Ihnen kommen alle Waren und Dienstleistungen entgegen, die ihnen das Leben einfacher machen oder ihnen Zeit sparen helfen. Zeit, die sie brauchen, entweder um Karriere zu machen oder um sich ihrer Familie zu widmen oder um ihren Hobbys und Interessen nachzugehen.

Natürlich müssen die Preise stimmen, die letzte Entscheidung für oder gegen den einen oder anderen Wettbewerb trifft der Kunde jedoch häufig (zumindest bei vergleichbaren Preisen) unter ganz anderen Gesichtspunkten.

Im Marketing geht es letzten Endes immer darum, das Angebot möglichst rational, d. h. mit möglichst geringem Aufwand, an zukünftige Kunden abzusetzen. Voraussetzung dazu ist natürlich, daß auch das Angebot stimmt. Die Qualität der Waren oder Dienstleistungen muß mit den gewünschten Anforderungen der Zielgruppen übereinstimmen. Das Angebot muß aber auch zur richtigen Zeit und in der richtigen Menge zur Verfügung stehen.

Die wichtigsten Maßnahmen, die das Angebot an die zukünftigen Kunden heranbringen, sollen hier zunächst kurz aufgeführt werden:
Das persönliche Gespräch, das Verkaufsgespräch.
Das Angebotsschreiben, die schriftliche Leistungsbeschreibung.
Referenzmappen, persönliche Empfehlungen.
Werbung und Verkaufsförderung.
Ladenausstattung, Verkaufsatmosphäre und Verkaufsberatung.

Die Wichtigkeit dieser verschiedenen Maßnahmen ist von Handwerksbetrieb zu Handwerksbetrieb äußerst unterschiedlich. Generell läßt sich jedoch sagen, daß für einen Handwerksbetrieb, der vor allem Arbeitsleistungen anbietet, das persönliche Gespräch, das Angebotsschreiben, Werbung und Referenzen an erster Stelle stehen. Für einen Handwerksbetrieb, bei dem die Ware über das Ladengeschäft abfließt, sind das Verkaufsgespräch, Verkaufsförderung, Werbung, Ladenausstattung und Verkaufsatmosphäre bedeutsam.

4.2 Preise und Konditionen

In diesem Kapitel befassen wir uns nicht mit den kalkulierten Preisen. Der kalkulierte Preis errechnet sich aus feststehenden Beträgen für Ware und Material, für Löhne, Gemeinkosten usw. Preiskalkulation gehört natürlich auch zum Marketing, es würde jedoch an dieser Stelle zu weit gehen, im einzelnen über Kalkulationen zu sprechen. Zu diesem Thema gibt es in jedem Handwerksbereich ausführliche Unterlagen, die Ihnen sicher längst zur Verfügung stehen oder die Sie von Ihren Landesinnungsverbänden erhalten können.

Uns interessiert an dieser Stelle weniger der kalkulierte Preis, sondern der strategische Preis. Er baut auf dem kalkulierten Preis auf, bezieht aber für die endgültige Preisfestsetzung noch Gesichtspunkte ein, die sich aus der Marktsituation ergeben. Der strategische Preis

ist also gewissermaßen der unter Marketinggesichtspunkten geformte Preis. Diese Preisformung nennt man „Preispolitik“.
Preispolitik ist damit ein Marketingmittel, mit dem man arbeiten kann.

Wenn Sie Ihren kalkulierten Preis berechnet haben, so nehmen Sie in den meisten Fällen vor Preisangabe oder Preisauszeichnung an Waren noch Korrekturen vor. Nichts anderes ist Preispolitik. Sie sollten aber auch hier, wie überall im Marketing, planvoll und überlegt vorgehen. Die wichtigsten Gesichtspunkte zum Überprüfen der Preise sind:

- *Was verkraftet der Auftraggeber?*

Überlegen Sie sich, welche Preise Ihre Kunden bereit sind zu zahlen. Je genauer Sie Ihre Kunden kennen, desto richtiger wird Ihr Preis sein. Hüten Sie sich jedoch vor rein gefühlsmäßiger Einschätzung.

- *Was wird vermutlich der Wettbewerb anbieten?*

Im Dienstleistungsbereich können Sie mit Alternativ-Angeboten einen Ausweg finden, wenn Sie die Preise Ihrer Wettbewerber nicht kennen. Wenn Sie aber Ware herstellen und über Ihren Handel verkaufen, so können Sie nur entweder marktanpassend arbeiten oder nach Angeboten suchen, die Ihr Wettbewerber nicht bieten kann, oder bessere Qualitäten offerieren.

- *Welche Ziele hat die Preispolitik?*

Ein Preis, der neue Kunden gewinnen soll oder als Kampfpreis gedacht ist, sieht sicher anders aus als ein Normalpreis.

- *Welche kostenlosen oder bezahlten Services können Sie anbieten?*

Beide Servicearten (siehe nächstes Kapitel), vor allem aber der kostenlose Service, müssen als Besonderheit gegenüber dem Wettbewerb herausgestellt werden.

- *Gibt es irgendwelche Rabatte oder finanzielle Konditionen, die Sie gewähren können?*

Diese sollten sicherlich Bestandteil Ihrer Werbung oder Verkaufsförderung sein.

Konditionen sind direkte oder indirekte Preisnachlässe. Konditionen sind ein Thema, das in einigen Handwerksbranchen noch unüblich ist. Im Handel und in der Industrie gelten sie jedoch als längst bewährtes Hilfsmittel für den Erfolg. Es hat sich herausgestellt, daß jeder Handwerksbetrieb mit Konditionen arbeiten kann. Warum nicht also auch Sie?

Hier bietet sich für den, der bisher noch nicht mit Konditionen arbeitete, vielleicht ein interessantes neues Marketing-Instrument, zum Beispiel alle Arten von Rabatten, aber auch indirekte Rabatte wie z. B. Verlängerung von Zahlungsfristen, Kredite, Zugaben und ähnliches.

An dieser Stelle empfiehlt sich wiederum eine Gedankenübung. Notieren Sie auf einem Blatt Papier, welche Konditionen Sie oder Ihre Wettbewerber in letzter Zeit gegeben haben. Denken Sie dabei an alle Arten von direkten oder versteckten Rabatten. Überlegen Sie nun, welche Arten von Preisnachlässen aus anderen Branchen, evtl. durch Variationen, auf Ihren Bereich zu übertragen wären. Zugaben z. B. müssen nicht in Waren bestehen. Auch Dienstleistungen können als eine Art Naturalrabatt zugegeben werden. Notieren Sie alles, was Ihnen hierzu einfällt, selbst wenn Sie es für Ihren Betrieb nicht für eine sinnvolle Maßnahme halten.

4.3 Serviceleistungen

Unter Service versteht man alle Arbeiten, die nicht zum eigentlichen Angebot gehören, sondern zusätzlich geleistet werden. Serviceleistungen sind also artfremde Leistungen, z. B. alle Arten von Hilfen, die Ihrem Kunden Erleichterungen verschaffen können. Es ist oft schwierig, zwischen Angebot und Service zu unterscheiden, weil es

sich bei dem Angebot eines Handwerksbetriebes häufig um Dienstleistungen handelt. Zwischen Dienstleistung und Service sind die Grenzen jedoch oft fließend. Wir wollen uns dennoch um eine Definition bemühen.
Man unterscheidet zwischen unbezahlten und bezahlten Serviceleistungen.
Unbezahlte Serviceleistungen sind Arbeiten, die Sie für Ihre Kunden ausgeführt haben und die in einer Rechnung ohne Berechnungspreis ausgewiesen werden. Diese für den Kunden kostenlosen Dienstleistungen sind eindeutig Serviceleistungen. Fachliche Beratung gehört häufig in diesen Bereich.
Dabei ist es selbstverständlich, daß Sie letzten Endes nichts verschenken können, und auch unbezahlte Serviceleistungen kosten schließlich mindestens Zeit, die ja auch mit Geld gleichzusetzen ist. Die Zeit und Kosten, die Sie hierfür aufwenden, sind in Ihren Gemeinkosten enthalten.

Beispiele:
- Ein Polsterer kommt mit Stoffmustern für Möbelbezüge abends ins Haus, um diese an Ort und Stelle in ihrer Wirkung im gesamten Wohnraum deutlich zu machen.
- Ein Metzger läßt seine Kunden grundsätzlich jede seiner selbstgemachten Wurstspezialitäten kosten.
- Ein Bäcker liefert bestellte Torten ins Haus.
- Ein Friseur bewirtet seine Kunden in der Wartezeit mit einem Kaffee.

Bezahlte Serviceleistungen sind dagegen solche, die Sie in den jeweiligen Rechnungen mit Preisangabe ausweisen. Und hier liegt die Verwechslung mit dem Punkt „Angebot“ nahe, soweit es sich bei Ihrem Angebot um Dienstleistungen handelt. Bezahlte Serviceleistungen unterscheiden sich von Ihrem Angebot insofern, als es Arbeiten sind, die eine ungewöhnliche Hilfeleistung für Ihren Kunden bedeuten.
Der Service liegt darin, daß Sie sich für Ihren Kunden mehr angestrengt haben, als es ein Wettbewerber tun würde. Oder auch darin,

daß Sie dem Kunden diese Leistung nur zu einem kostendeckenden Preis ohne Gewinnaufschlag berechnen.

Beispiele:

- Ein Maler liefert künstlerische Entwürfe für Fassadenmalereien, angefertigt von einem ihm persönlich bekannten Grafiker, zum Selbstkostenpreis.
- Eine Gärtnerei verkauft nicht nur Pflanzen, sondern bietet ganze Gartengestaltungen mit Farbskizzen an, die zum Minimumpreis berechnet werden.
- Ein Fahrzeuglackierer richtet eine Wochenend-Schicht für Firmenfahrzeuge ein, natürlich gegen Aufpreis.
- Ein Heizungsmonteur führt Wärmeverlustmengen-Messung mit Infrarot-Fotografie durch.

Grundsätzlich ist es so, daß je kleiner ein Auftrag ist oder je geringer der Preis für eine Ware, um so weniger Service geleistet werden kann. Handelt es sich bei Ihnen also in der Mehrzahl um Waren mit niedrigen Preisen oder um kleinere Aufträge, so sollten Sie lieber versuchen, die Zahl und den Umfang Ihrer Serviceleistungen durch eine oder mehrere gute Ideen zu ersetzen. Ein neuartiger, echter Service, auch wenn er noch so klein ist, kann Ihren Betrieb mit Sicherheit besser von der Konkurrenz abheben als eine größere, allgemein praktizierte Methode.
Auch mit den Serviceleistungen werden wir uns im Verlauf der Marketingplanung noch detaillierter beschäftigen. Es empfiehlt sich jedoch, an dieser Stelle wiederum eine Übung durchzuführen. Notieren Sie auf einer Liste (die Sie für Ihre Planung bitte aufheben), welche Arten von Serviceleistungen in Ihrem Betrieb und in Wettbewerbsbetrieben angeboten werden. Überlegen Sie auch, ob diese Serviceleistungen bezahlt oder unbezahlt sind. Überlegen Sie nun, ob sich eventuell Serviceleistungen aus anderen Handwerksbranchen auf Ihren Bereich übertragen lassen. Denken Sie dabei nicht nur an eine direkte Übertragbarkeit, sondern auch an mögliche Modifikationen.

4.4 *Vertrieb*

Obwohl das Wort eigentlich aus der Industrie kommt, paßt es auch auf Ihren Betrieb. Vertrieb ist alles, was den Absatz Ihrer Waren oder Dienstleistungen umfaßt. Erinnern Sie sich bitte, daß Absatz dabei nicht mehr den Umsatz bedeutete, sondern sämtliche Bemühungen einschließt, die zu der Gewinnung von Kunden beitragen. Anstelle des Wortes „Vertrieb“ ließe sich auch das Wort „Verkauf“ verwenden. Dabei ist verkaufen im übertragenen Sinne zu verstehen, denn nicht nur Waren, sondern auch Ideen und Dienstleistungen lassen sich „verkaufen“.
Vier Punkte spielen im Verkauf eine entscheidende Rolle:

- *Die Verkaufsmethode*

Die Verkaufsmethode ist die Art, wie Sie Verkaufsgespräche oder Angebotsgespräche führen, wie Sie schriftliche Angebote unterbreiten, wie Sie Kunden beraten und angehende Kunden behandeln. Hierzu gehört auch, ob Sie Zusatzangebote machen, Angebotsalternativen anbieten, Referenzen nutzen, Sympathie wecken usw.

- *Das Verkaufspersonal*

Unter Verkaufspersonal versteht man nicht nur die Personen, die aktiv in einem Ladengeschäft im Verkauf tätig sind, sondern auch alle Personen, die zur Auftragsgewinnung im Dienstleistungsbereich beitragen. Es sind also alle die Personen, die einem Kunden begegnen, einem Kunden Waren und Dienstleistungen anbieten: Durch Beratung, durch Verhandlung, durch Akquisition und bei der Kundenpflege. Das Verkaufspersonal schließt auch die Personen ein, die die Serviceleistungen vorschlagen und die evtl. Konditionen geben.
Handwerksbetriebe, die hauptsächlich im Dienstleistungsbereich arbeiten, haben selten geschulte Verkäufer. Meist muß der Betriebsinhaber oder ein leitender Angestellter diese Aufgaben auch noch erfüllen. Richtige, maximal wirksame Verkaufsgespräche zu führen, läßt sich lernen und sollte nicht dem Zufall oder dem Gefühl über-

lassen bleiben. Hierzu gehören auch gut ausgearbeitete Verkaufshilfsmittel. Manche Handwerkskammern oder Landesinnungsverbände bieten entsprechende Fortbildungsseminare an.

- *Die Vertriebswege*

Dieser Begriff ist am besten an einigen Beispielen deutlich zu machen. Am einfachsten wird der Begriff verständlich bei Ladengeschäften. Ladengeschäfte sind Vertriebswege. Darüber hinaus gibt es noch eine ganze Reihe weiterer direkter Vertriebswege. Wege, bei denen ohne weitere Zwischenstufe der Vertrieb direkt zwischen dem Anbieter (dem Betriebsinhaber) und dem Kunden (in diesem Falle dem Endabnehmer) vonstatten geht. Dagegen sind indirekte Vertriebswege alle, bei denen weitere Zwischenstufen eingeschaltet werden, z. B. der Großhandel oder Vermittler aller Art (Unternehmen, bei denen Sie als Subunternehmer arbeiten) oder die Gastronomie (wenn Sie z. B. im Nahrungsmittelhandwerk tätig sind) usw. Vertriebswege sind also die Absatzmethoden, die Sie nutzen, um Ihr Angebot an Ihren Kunden zu bekommen.

- *Die Verkaufsförderung*

Hierzu gehören alle Maßnahmen, die den Verkauf beschleunigen, wie z. B. Aktionen, Plakate usw. Auch Angebotsschreiben, Referenzmappen sind Mittel der Verkaufsförderung. Auf die Unterschiede zwischen Werbung und Verkaufsförderung wird noch eingegangen.

4.5 Kommunikation und Zielgruppe

Kommunikation ist ein Schlagwort, das in der letzten Zeit regelrecht zu einer Mode geworden ist, ohne das das Marketing aber nicht auskommt. Um den Begriff „Kommunikation“ zu verstehen, muß man sich klarmachen, wie Kommunikation funktioniert. Stellen Sie sich bitte vor, Sie wären ein Sender, der eine Botschaft ausstrahlt.

Kommunikation tritt erst dann ein, wenn auch ein Empfänger da ist, der diese Botschaft aufnimmt. Kommunikation ist keinesfalls einseitig. Es ist also nicht nur wichtig, daß Sie Ihren zukünftigen Kunden sagen, was Sie zu sagen haben. Ihre Informationen müssen auch aufgenommen werden. Kommunikation findet erst statt, wenn der Kunde auf Ihre Botschaft reagiert. Die Reaktion kann auf zweierlei Weise erfolgen:

- Der Kunde handelt: Er greift zum Telefon; er antwortet mit einem Auftrag; er kauft; er fragt nach Detailinformationen usw.
- Er nimmt die Information in seinen Gedächtnisspeicher auf (der begrenzt ist und in dem Vieles Platz beansprucht) und bildet positives Image. Um später – bei Bedarf – hierauf zurückzugreifen.

Im Marketing versteht man unter Kommunikation alle Maßnahmen, die dazu dienen, in Kontakt mit dem Kunden und mit den zukünftigen Kunden zu kommen. Maßnahmen der Kommunikation sind:

- Verkaufsgespräche, Beratungsgespräche ebenso wie Verhandlungen über Preise, Anbieten von Waren oder Dienstleistungen usw.
- Werbung, z. B. Anzeigen, Werbebriefe, Firmenschriftzüge, Prospekte.
- Public Relations, Öffentlichkeitsarbeit, z. B. über Zeitungsredaktionen.
- Verkaufsförderung, also Hilfsmittel, die den Verkauf kurzfristig beschleunigen sollen, z. B. Sonderaktionen, Postwurfsendungen, Sonderangebotsplakate.

Die Bereiche überschneiden sich in ihren Aufgaben und sind nicht immer scharf voneinander zu trennen. Wir werden uns später noch im Detail hiermit beschäftigen. Im Moment genügt es festzustellen, daß sie alle eine gemeinsame, übergeordnete Aufgabe haben:

Mit dem Kunden zu kommunizieren, seine Reaktion zu erzwingen.

Im Marketing ist es wichtig, jeweils festzustellen, was man kommunizieren will, wie man es kommunizieren will und mit wem man kommunizieren will.

Die erste Frage gilt immer den Zielgruppen, mit denen man kommunizieren will. Aus diesem Grunde hier noch eine Definition zu dem Begriff der Zielgruppe.
Die Zielgruppe sind die Personenkreise, Kunden und zukünftige Kunden, die man mit seiner Botschaft erreichen möchte.
Jeder Handwerksbetrieb hat mehrere Zielgruppen, die sich demographisch (nach der Bevölkerungsgruppe) und psychologisch/typologisch erklären lassen.
Demographisch beschreibt man die Zielgruppen mit ihren statistischen Merkmalen, also z. B. durch die Berufe, die Einkommensschicht, das Alter, die Haushaltsgröße, den Beruf des Haushaltsvorstandes usw. Bei Firmenkunden z. B. Branchen, Betriebsgrößen, Standorte.
Psychologisch/typologisch beschreibt man die Zielgruppe nach ihren einheitlichen, charakterlichen Merkmalen, nach ihren Kaufmotiven und nach ihrem Kaufverhalten. Auch hier wird es innerhalb Ihrer Kundengruppen sicherlich große Unterschiede geben, andererseits aber auch die Möglichkeit, verschiedene psychologische Typen zusammenzufassen. Siehe auch „Bedarfsbündel".
Bei Firmenkunden sollten Sie unbedingt analysieren, wer eigentlich die Entscheider sind und wie Entscheidungen zustande kommen.

5. Marketingziele

Die Marketingziele eines Handwerksbetriebes drücken sich in der Marktposition aus, die der Betrieb im Vergleich zu seinen Wettbewerbern erreichen will, und in der Festlegung der Zielsetzungen, die in bezug auf den Absatz erreicht werden sollen. Marketingziele sind immer mittelfristig oder langfristig zu setzen, da wirklich gravierende Veränderungen der Marktpositionen und Absatzchancen nie kurzfristig geschaffen werden können.
Marketingziele müssen detailliert, für jedes einzelne Marketinginstrument getrennt beschrieben werden:

Welche Marktanteile soll der Betrieb in seinem Einzugsgebiet besitzen? In welchen Marktsegmenten soll Expansion erreicht werden? Welches Image sollen Betrieb und Produkte bei den Zielgruppen besitzen? Wie sollen Angebote, Angebotsstruktur und Sortimente am Ende des geplanten Zeitraumes aussehen? Wie muß das Preisniveau in Zukunft sein und welche Konditionen können gewährt werden? Was ist an Service zu leisten und welchen Nutzen soll er bringen? Wie sieht die optimale Verkaufsmethode am Ende des Planungszeitraumes aus? Wie werden Personalstruktur und deren Niveau sein? Welche Vertriebswege sollen wie ausgebaut werden bzw. neu erschlossen werden? Welche Zielgruppen will man auf welche Weise erreicht haben? Wie lassen sich die Gewinne optimieren und um wieviel Prozent?

Im Prinzip gibt es nur vier grundsätzliche Vorgehensweisen – Marketingstrategien –, um die Marketingziele zu erreichen:

a) Abziehen von Kunden der Konkurrenz

Kunden, die bisher bei den Wettbewerbern arbeiten ließen oder kauften, sollen dazu gebracht werden, ihre Aufträge in Zukunft in dem eigenen Betrieb ausführen zu lassen, bzw. ihre Einkäufe in den eigenen Läden statt in den Konkurrenzläden zu tätigen.

b) Ausweitung des Bedarfs bei vorhandenen Kunden

Bei Stammkunden und Kunden, für die zur Zeit Aufträge durchgeführt werden, soll mehr Bedarf erzeugt werden, d. h., daß der Umsatz pro Auftrag angehoben werden soll. Dies kann durch Zusatzangebote geschehen oder aber auch durch Frequenzerhöhung. Über Zusatzverkäufe wurde bereits ausführlich gesprochen. Mit Frequenzerhöhung ist gemeint, daß der Kunde z. B. häufiger kauft oder arbeiten läßt, also der Zeitraum von einem Auftrag zum nächsten verkürzt wird.

c) Weckung neuer Gewohnheiten

Kunden und zukünftige Kunden werden durch neue Angebote (Produkte oder Dienstleistungen) auf neue Lebensgewohnheiten aufmerksam gemacht. Es wird ein Bedarf erzeugt, der bisher nicht vorhanden war. Bei den Friseuren z. B. war dies vor einigen Jahren der Fall, als Perücken zum modischen Attribut wurden. Bei Malerbetrieben z. B. war das Tapezieren von Bädern statt Kachelung ein solcher neuer Bedarf.
Bäcker und Metzger haben sich auf mittägliche Snacks bzw. warme Gerichte als Schnellverpflegung eingestellt.
Ein einzelner Handwerksbetrieb ist allerdings kaum in der Lage, grundsätzlich neue Bedürfnisse zu wecken. Statt dessen gilt es, neue Trends und Verhaltensgewohnheiten rechtzeitig zu erkennen, passende Angebote zu entwickeln und dem Kunden anzubieten, möglichst bevor alle Wettbewerber das Gleiche tun.

d) Kundenbindung

Bestehende Kunden sollen an den eigenen Betrieb gebunden werden, damit sie auch in Zukunft nicht den Verlockungen von Wettbewerbsangeboten erliegen.
Während die ersten drei Wege expansive Marketingstrategien bedeuten, ist der vierte Weg eine konsolidierende Maßnahme, die vor allem in konjunkturell schlechten Zeiten oder bei vom Gewinn her besonders interessanten Kunden eine wichtige Rolle spielt.
Mit diesem Kapitel ist Teil I „Marketing – eine Methode für den betrieblichen Erfolg“ beendet. Teil I befaßte sich mit den Grundlagen des Marketing. Auf der Basis dieser Grundlagen ist der nun folgende Teil II mit dem richtigen Verständnis zu lesen.

Teil II Marketing in der betrieblichen Praxis

1. Einführung in die Praxis des Marketing

Marketing soll nicht Theorie bleiben, sondern soll für jeden Handwerksbetrieb praktisch nutzbar sein. Teil II gibt detaillierte Hinweise für die Anwendung des Marketing im Betrieb. Marketing kann man sich jedoch nicht nur halbherzig leisten. Marketing muß planvoll, systematisch und vor allem konsequent betrieben werden. Marketing ist eine Denkweise, die auf alle Detailentscheidungen hinsichtlich des Absatzes Einfluß nehmen muß.
Aus diesem Grunde muß auch die praktische Marketingarbeit diszipliniert und systematisch durchgeführt werden.

Der Marketing-Regelkreis

Systematische Marketingarbeit vollzieht sich in fünf aufeinanderfolgenden Stufen. Jede Stufe hängt von der vorhergehenden ab. Die fünfte Stufe „Kontrolle“ nimmt wiederum Einfluß auf die erste Stufe des nächsten Marketingplanes.

In Stufen 1 – 3 wird der Marketing-Plan erstellt. Erst dann folgt die Umsetzung des Planes in die Tat – die Durchführung oder auch taktische Realisierung.
In Stufe 5 – Kontrolle – wird überprüft, wie weit die Ziele erreicht wurden und ob die eingesetzten Strategien den erwünschten Erfolg brachten.
Es ergeben sich wichtige Anhaltspunkte für den neuen, nächsten Plan, der wiederum mit der Informations- und Analysenphase beginnt. So schließt sich der Marketing-Regelkreis.
Ohne einen Marketingplan geht es nicht.

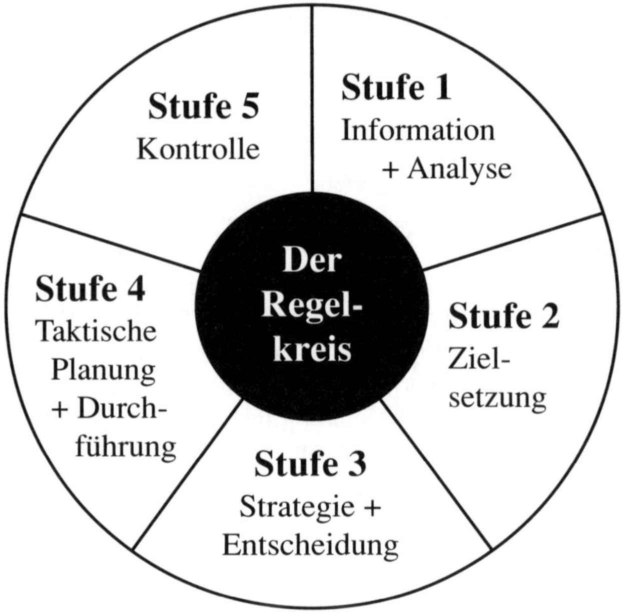

Er legt im Detail fest, welche Schritte auf welche Weise unternommen werden sollen. Voraussetzung ist dabei zunächst die Sammlung von Information und hieraus abgeleitet eine Analyse des eigenen Standpunktes, um die Ausgangsbasis genau zu definieren. Information und Analyse müssen sehr gründlich durchgeführt werden, denn nur von hier aus sind Detailziele festzulegen.

Die Analyse dient zugleich als Grundlage, um den Wettbewerb und die Unterschiede des eigenen Betriebes im Vergleich zum Wettbewerb zu untersuchen. Erst im Anschluß an die Zielsetzung kann die eigentliche Marketingstrategie entwickelt werden. Auf der Marketingstrategie wiederum baut sich die taktische Planung auf, die in kleinsten Schritten und in bezug auf einzelne Maßnahmen die Marketingstrategie in die Praxis übersetzt. Hiermit ist der Marketingplan fertig und muß nur noch durchgeführt werden.

Die Erstellung des Marketingplanes nimmt einige Zeit in Anspruch. Der Plan kann natürlich nach und nach erstellt werden, jedoch empfiehlt es sich, sich eine Zeitlang sehr intensiv hiermit auseinanderzusetzen, um das Erfolgsrezept Marketing möglichst rasch praxisgerecht zu machen.

Bezogen auf ein Arbeitsjahr (das sich nicht mit dem Kalenderjahr decken muß) sollten für die gesamte Planungsphase nicht mehr als ein bis zwei Monate, für die Durchführung zehn bis elf Monate vorgesehen werden. Besteht bereits ein grundlegender Marketingplan, z. B. in den nachfolgenden Marketing-Jahren, kann der Planungszeitraum verkürzt werden.

Wenn der Marketingplan erstellt ist, brauchen die Anweisungen für die Durchführung des Marketing nur noch wenig Zeit. Diese Zeit jedoch muß konsequent und kontrolliert zur Verfügung stehen. Hierfür gibt es ein paar einfache Handhabungsregeln.

Zu Beginn der Woche sollte jeweils eine Stunde als Marketingstunde fest in den Terminplan aufgenommen werden. In der Marketingstunde werden jeweils folgende Fragen überprüft:

- Ist in der vergangenen Woche im Sinne der Marketingzielsetzung und der Strategie gearbeitet worden?
- Wurde aktiv etwas unternommen, um der Zielsetzung näher zu kommen?
- Was kann in der beginnenden Woche getan werden, um die Ziele zu erreichen? Die Wochenziele sollen jeweils begrenzt sein. Wichtig ist vor allem, es nicht beim guten Vorsatz zu belassen, sondern aktiv tätig zu werden.
- Gab es in der vergangenen Woche im Unternehmen oder bei den Wettbewerbern gravierende Veränderungen, die zwingen, die Zielsetzung und die Strategie zu verändern?

Der Hauptfehler vieler mittelständischer Betriebe liegt darin, daß zwar ein guter Plan erstellt, aber nicht in die Tat umgesetzt wird. Nach kurzer Zeit verfällt man wieder in den alten Trott.

2. Die unternehmerische Entscheidung

Vor Beginn jeder Marketingplanung müssen zwei unternehmerische Entscheidungen gefällt werden.
Die erste unternehmerische Entscheidung, die getroffen werden muß, ist, ob der Betrieb grundsätzlich nach Marketinggesichtspunkten arbeiten soll. Marketing einzusetzen, bedeutet meist ein gravierendes Umdenken in bezug auf frühere Gewohnheiten. Die neue Denkweise muß im gesamten Betrieb verbreitet werden und muß sich auch den Mitarbeitern mitteilen. Da Marketing kontinuierlich betrieben werden muß und nicht vor Eintreten des Erfolges aufgegeben werden darf, bedeutet die Entscheidung, Marketing zu betreiben, die Forderung an ein hohes Maß von Konsequenz und Disziplin.
Wenn der Unternehmer erkannt hat, daß Marketing seinem Betrieb nützlich sein kann und daß darin ein Erfolgsrezept liegt, wird ihm die Entscheidung leichtfallen. Die Schwierigkeiten mit der Praxis des Marketing existieren nur anfänglich. Auch die Methode des Marketing wird rasch zur Routine.
Die zweite unternehmerische Entscheidung liegt darin, festzustellen, ob Marketing für den Gesamtbetrieb oder nur für Teilmärkte oder Teilbereiche durchgeführt werden soll. Der Grund für eine solche Entscheidung kann darin liegen, daß man das Marketing zunächst an einem Beispiel erproben möchte, um Sicherheit zu gewinnen. Diese vorsichtige Vorgehensweise ist absolut legitim, jedoch sollte man sich in diesem Falle ein oder zwei große und interessante Teilmärkte oder Arbeitsbereiche (z. B. Werbung) heraussuchen. Andernfalls lohnen sich die Investitionen in Zeit und Geld nicht.
Marketing, vor allem seine Durchführung, kostet Investitionen in Zeit und Geld. Sie kosten vor allem die Zeit des Unternehmers. Sie kosten finanzielle Investitionen in Personal, Material, in der Werbung und in anderem. Aktives Marketing kann nicht ohne einen gewissen finanziellen Aufwand betrieben werden.

3. Information und Analyse des eigenen Standpunktes

Was ein Unternehmer erreichen will und wie sein Betrieb in Zukunft aussehen soll, kann nicht zu Beginn der Marketingarbeit entschieden werden. Es muß zunächst einmal der Ist-Zustand in allen Bereichen, die das Marketing betreffen, festgestellt werden. Erst danach ist es möglich, Marketingziele zu setzen. Diese Bestandsaufnahme ist mühsam, aber unerläßlich. Je gründlicher sie durchgeführt wird, um so genauer können die Ziele sein, und um so größer ist die Wahrscheinlichkeit, daß keine Fehlentscheidungen getroffen werden.
In dieser Phase sind folgende Fragen zu klären:

- Was kann der Betrieb an Arbeitsleistungen durchführen oder an Produkten anbieten?
- Welche Preis- und Konditionspolitik wird verfolgt?
- Wie ist der Vertrieb organisiert hinsichtlich Verkaufsmethode, Verkaufspersonal und Vertriebswege?
- Wer sind die gegenwärtigen Kunden und wie kam der Kontakt zu ihnen zustande?
- Welche Marketing-Kommunikation ist zu betreiben?

Am praktischsten ist es, die Information und Analyse des eigenen Standpunktes mit Hilfe von Checklisten durchzuführen. Nachstehend wird ein System der Checklisten erläutert. Darüber hinaus werden Muster für die Gestaltung von Checklisten gegeben. Schwierige Punkte werden dabei durch Beispiele erläutert, wobei es natürlich nicht möglich ist, für jeden Handwerksbereich zu jedem Punkt Beispiele aufzuführen. Alle Checklisten folgen dem gleichen System.

(Abbildung Checkliste nächste Seite)

In der ersten Spalte werden die Leistungsbeschreibungen eingetragen. Zu dieser Spalte gibt dieses Buch für jedes Marketinginstrument getrennt noch eine genaue Erklärung.
Die zweite Spalte „Anmerkungen“ bleibt frei, um ergänzende An-

Leistungs- beschreibung	Anmerkungen	Eigener Betrieb		Wettbewerb		Eigener Betrieb, Zielsetzung			
		ja	Gewichtung %	direkt vergleichbare Handwerks- betriebe	sonstige Betriebe	+	–	Gewichtung %	Differenz

gaben zu den Leistungsbeschreibungen aufnehmen oder um bestimmte wichtige Hinweise für die Marketingplanung notieren zu können.
In der dritten Spalte „eigener Betrieb“ wird festgehalten, ob der jeweilige Punkt für den eigenen Betrieb zutrifft oder nicht. Diese Spalte unterteilt sich in zwei Rubriken, wobei die erste Rubrik lediglich die Zustimmung festhält, in der zweiten Rubrik diese Zustimmung gewichtet wird, um festzustellen, wie sehr der betreffende Punkt für den eigenen Betrieb zutrifft.
In der vierten Spalte „Wettbewerb“ wird die Konkurrenz analysiert. Diese Spalte kann nach Bedarf wiederum in mehrere Rubriken unterteilt werden, je nach der Art der Wettbewerber.
Generell empfiehlt sich eine Unterteilung in „direkt vergleichbare Handwerksbetriebe“ und in „sonstige Betriebe“. Direkt vergleichbare Handwerksbetriebe sind alle Betriebe in dem jeweiligen Einzugsgebiet, die auf derselben handwerklichen Basis arbeiten, also bei Kfz-Werkstätten andere Kfz-Werkstätten, die die gleichen Marken bearbeiten (falls kein Gebietsschutz), bei Fleischereien andere Fleischereien im Umkreis, bei Malerbetrieben andere Maler- und Lackiererbetriebe des Einzugsgebietes usw.
Sonstige Betriebe wären dagegen z. B. für Kfz-Betriebe freie Kfz-Betriebe, die alle Marken führen, bei Fleischereien große Supermärkte mit Fleischabteilungen, bei Malerbetrieben mit Ladengeschäften Hobbymärkte, die ebenfalls Malerartikel führen. Diese Gruppe „sonstiger Betriebe“ differiert von Handwerksbereich zu Handwerksbereich und muß für jeden Bereich einzeln festgelegt werden. Ob eine weitere Aufteilung dieser Rubrik notwendig ist, muß der Marketingplaner selbst entscheiden.
In der fünften Spalte „eigener Betrieb, Zielsetzung“ soll die eigentliche Marketingplanung festgehalten werden. Hierzu werden zu gegebener Zeit noch genauere Erklärungen vorgenommen.
Ein vernünftiger Beobachtungszeitraum für die Information sind die vergangenen ein bis zwei Jahre. Der Beobachtungszeitraum sollte für alle Checklisten und für alle Unterpunkte etwa gleich sein. Dabei spielt es keine Rolle, ob das vergangene Kalenderjahr oder die vergangenen Kalenderjahre beobachtet werden oder ob der

Beobachtungszeitraum vom letzten Monatsende an zurückgerechnet wird. Die Entscheidung hierüber richtet sich ganz nach dem, was für die individuelle Betriebssituation am geeignetsten ist.
Um die Information und Analyse des eigenen Standpunktes ganz korrekt durchzuführen, ist es notwendig, auf exakte Daten zurückzugreifen. Wichtiges Datenmaterial sind EDV-Auswertungen, Rechnungen, Angebote und Aufträge des betreffenden Zeitraumes. Wir werden jeweils angeben, welche dieser Unterlagen zur Analyse des jeweiligen Punktes am brauchbarsten ist.
Die Bestandsaufnahme sollte jährlich wiederholt werden, da sich innerhalb eines Jahres so vieles ändern kann, daß die Erarbeitung eines neuen Marketingplanes sinnvoll ist. Diese jährliche Bestandsaufnahme sollte sicherheitshalber auch dann durchgeführt werden, wenn sich scheinbar nichts Wesentliches verändert hat. Es wäre falsch, sich in Fragen des Marketing auf sein Gefühl zu verlassen.
Während der Laufzeit des Marketingprogrammes können sich unter Umständen schwerwiegende, unerwartete Veränderungen ergeben, die in dem Marketingplan nicht vorgesehen waren. Das kann z. B. der Fall sein, wenn im unmittelbaren Einzugsgebiet des Betriebes ein großer neuer Wettbewerber auftritt oder ein anderer Wettbewerber den Betrieb einstellt. Solche Fälle verlangen, daß der Marketingplan den veränderten Verhältnissen angepaßt wird. Das bedeutet, daß dann natürlich auch die Bestandsaufnahme korrigiert werden muß.
Bei der Information und Analyse des eigenen Standpunktes geht es ausschließlich um das Ausfüllen der Spalte „eigener Betrieb“.

3.1 Information und Analyse Angebot

Unter Angebot versteht man im Marketing alles, mit dem der Handwerksbetrieb Geld verdient, was ihm Umsatz bringt. Angebot sind also die Leistungen, die auf den Rechnungen auftauchen, wenn es sich dabei nicht um bezahlte Serviceleistungen handelt. Angebot

sind aber auch die Waren und Produkte, die über den angegliederten Einzelhandel verkauft werden.
Die Analyse des Angebotes unterteilt sich in drei Hauptpunkte:
Hauptpunkt 1: Art des Angebotes
Hauptpunkt 2: Qualitätsniveau
Hauptpunkt 3: Größe der Aufträge.
Unter Hauptpunkt 1 „Art des Angebotes“ werden alle Arbeitsleistungen aufgelistet, die ein Handwerksbetrieb Ihrer Branche erbringen kann, bzw. alle Produkte oder Produktgruppen, die ein Handwerksbetrieb erstellen könnte. Listen Sie also nicht nur Arbeitsleistungen und Waren auf, die Sie selbst erbringen konnten, sondern auch Leistungen, die Ihre Wettbewerber erstellen.

Um Ihnen eine Hilfe bei der Auflistung zu geben, empfiehlt sich eine Unterteilung dieses Hauptpunktes in verschiedene Untergruppen.

1.1 Übliche Handwerksarbeiten der Branche (hier alle Arbeiten auflisten, die von jedem der Wettbewerber erbracht werden).
1.2 Arbeiten als Nachunternehmer (hier Arbeiten eintragen, die in Ihrer Branche von einem zum anderen Handwerksbetrieb weitergegeben werden, wobei der erste Handwerksbetrieb als Rechnungssteller fungiert).
1.3 Spezielle Handwerksarbeiten Ihrer Branche (hier nur Arbeiten eintragen, die der größte Teil der Wettbewerber nicht anbietet).
1.4 Arbeiten aus anderen Gewerbebereichen (hier Arbeiten auflisten, die mit Hilfe eines Handwerksmeisters oder Subunternehmers aus anderen Handwerksbereichen durchgeführt werden).
1.5 Verleih oder Vermietung von Sachwerten oder Personal (bei Personal Arbeitnehmerüberlassungsgesetz beachten).
1.6 Arbeiten als Berater (nur sofern diese in Rechnung gestellt werden können).
1.7 Vertretungen der Industrie.
1.8 Warenangebote, die nicht im eigenen Betrieb erstellt werden.

1.9 Nachfolgearbeiten (Arbeitsleistungen und Waren, die nach Beendigung des Auftrages oder Beendigung eines Kaufes zwangsläufig diese Arbeitsleistung ergeben müssen).
1.10 Sonstiges.

Nach Auflistung der Leistungen kreuzen Sie nun bei „ja“ an, welche dieser Leistungen für Ihren Betrieb in Frage kamen.
Hauptpunkt 2 „Qualitätsniveau“ soll den Standard Ihrer Arbeit messen. Hier soll eine sinnvolle Unterteilung zwischen den beiden Extremen „Spitzenqualität“ und „unter dem Durchschnitt liegende Minderleistung“ gefunden werden. Weitere Unterteilungen könnten z. B. sein: gute Standardqualität; preiswerte Massenqualität; billigste, akzeptierbare Ausführung etc.
Nach Auflistung hier wiederum ankreuzen, was für Ihren Betrieb in Frage kam.
Bei Hauptpunkt 3 „Größe der Aufträge“ sollte wiederum eine Staffelung in Untergruppen vorgenommen werden. Diese kann entweder qualitativ nach der Kategorie der Aufträge oder quantitativ nach Umsatzgruppen erstellt werden.
Im allgemeinen reichen drei bis vier Unterteilungen aus, um über die Auftragsgröße einen guten Überblick zu schaffen.
Um genauerere Informationen über den eigenen Betrieb festzulegen, benötigt man nun die Rechnungen des Beobachtungszeitraumes. Es ist jetzt die Spalte „eigener Betrieb, Gewichtung %“ auszufüllen. Befassen Sie sich zunächst mit dem Hauptpunkt 1 „Art des Angebotes“. Setzen Sie Ihren Umsatz des gesamten Hauptpunktes gleich 100 Prozent und berechnen Sie nun, wieviel Prozent auf die einzelnen Unterpunkte entfielen. Wenn Sie einen Teilmarkt planen, gehen Sie nur von denjenigen Aufträgen aus, die in diesem Bereich getätigt wurden.

Zum Beispiel:

1. Art des Angebotes

1.1 Übliche Leistungen	62 %
1.2 Nachunternehmer-Arbeiten	11 %

1.3	Spezielle Leistungen	14 %
1.4	Arbeiten aus anderen Gewerbebereichen	5 %
1.5	Verleih von Sachwerten und Personal	4 %
1.6	Arbeiten als Berater	4 %
		100 %

Ebenso verfahren Sie beim nächsten Punkt „Qualitätsniveau". Hier ist es aber sinnvoller, nach der Zahl der Aufträge als nach dem Umsatz zu gewichten. Setzen Sie die Zahl der Aufträge gleich 100 Prozent.

Beispiele:

höchste Spitzenqualität	180 Aufträge
gute Standardqualität	360 Aufträge
preiswerte Massenqualität	214 Aufträge
Minderleistung	2 Aufträge
oder	
höchste Spitzenqualität	25 % der Ware
gute Standardqualität	60 % der Ware
Billigqualität	15 % der Ware

Mit Hauptpunkt 3 „Größe der Aufträge" verfahren Sie in der gleichen Weise. Hier ist es sinnvoll, wiederum vom Umsatz auszugehen.

3.2 Information und Analyse Preise und Konditionen

Um sich auf dieses Kapitel einzustimmen, sei noch einmal wiederholt, daß uns bei diesem Marketinginstrument weniger der kalkulierte Preis, sondern der strategische Preis interessiert. Der strategische Preis baut auf dem kalkulierten Preis auf, bezieht aber noch weitere Gesichtspunkte ein, die sich aus der Marktsituation bzw. aus dem Verhalten der Wettbewerber ergeben. Es handelt sich hier also um einen Marketing-Preis bzw. um Marketing-Konditionen.

So befaßt sich denn auch die Checkliste nicht mit den effektiven Preisen und Konditionen in DM ausgedrückt, sondern mit dem grundsätzlichen Verhalten eines Unternehmers in bezug auf beide Kriterien. Im Marketing interessiert vor allem, in welcher Weise beide Instrumente gehandhabt werden, wie der Unternehmer damit umgeht. Preise und Konditionen sind also als Instrument zu verstehen, als eine Art Handwerkszeug, um die Marketingstrategie durchsetzen zu helfen und um die Marketingziele zu erreichen.
Wir befinden uns also nach wie vor in der ersten Haupt-Spalte der Checkliste „eigener Betrieb“.

Noch einmal zur Erinnerung:

- *In der ersten Spalte* tragen Sie die Haupt- und Unterpunkte ein, um die es bei den Themen Preise und Konditionen geht. Wir werden Ihnen hierzu einige Vorgaben liefern.
- *Die zweite Spalte* bleibt Ihnen für Erklärungen und Marketingnotizen.
- *In der dritten Spalte* kreuzen Sie zunächst unter „ja“ an, wenn dieser Punkt Ihrem Betrieb im Beobachtungszeitraum gegolten hat. Wie haben Sie sich im Beobachtungszeitraum und in der Vergangenheit tatsächlich verhalten?

Es ist nicht unproblematisch, bei diesem Punkt der Checklisten Vorgaben zu liefern. Dies wird um so schwieriger, als die Vorgaben für alle Arten von Handwerksbetrieben gelten müssen. Wenn Ihnen also einige Preispolitik-Formen für Ihren Betrieb unwahrscheinlich vorkommen, so lassen Sie sich dadurch nicht irritieren. Alle Methoden kommen insgesamt vor und werden praktiziert. Suchen Sie sich also die Formen heraus, die für Ihren Betrieb in Frage kommen. Ergänzen Sie die Liste, falls weitere Preispolitik-Formen möglich sind. Es gibt in manchen Branchen, genau wie in einzelnen Betrieben, noch abweichende Methoden, wie die Betriebe zu ihren Preisen kommen.

Wir haben in dieser Checkliste drei Hauptpunkte vorgesehen:

- Hauptpunkt 1: Preise und Kalkulation

- Hauptpunkt 2: Preisentwicklung
- Hauptpunkt 3: Konditionen.

Mit Hauptpunkt 1 „Preise und Kalkulation“ stellen Sie Ihre generelle Preispolitik fest. Selbstverständlich sind Mehrfachnennungen möglich.

Bei Handwerksbetrieben, die stärker im Dienstleistungsbereich als in der Produktion und im Verkauf von Waren tätig sind, sind die Erwägungen zum Thema „Preis“ häufig von einer sorgfältigen Nachkalkulation abhängig. Erst wenn man weiß, ob der angebotene und berechnete Preis richtig im Markt lag und ob und woran der Betrieb wirklich Gewinne erwirtschaftet hat, kann man langfristig zu einer richtigen Preispolitik kommen. Dabei sollte nicht nur das Jahr im ganzen betrachtet werden, sondern einzelne Aufträge oder sogar Teilleistungen aus einzelnen Aufträgen müssen beobachtet werden. Im allgemeinen ist es überraschend, festzustellen, daß einige Arbeiten unlukrativ waren, ohne daß dies im Verlauf der Arbeit ersichtlich wurde, und daß man hier aus den Gewinnen anderer Aufträge oder Auftragsteile zugesetzt hat. Es gibt natürlich Fälle, wo dies in Kauf genommen werden muß. Es gibt Leistungen, die kaum Gewinne bringen, die aus dem Gesamtauftrag jedoch nicht auszuklammern sind, wenn man den vollen Service leisten will. Hier muß von einer vernünftigen Mischkalkulation ausgegangen werden.

a) Preise und Kalkulation

Hauptpunkt 1 „Preise und Kalkulation“ läßt sich wie folgt untergliedern:

1.1 Preis durch exakte Kalkulation mit exakt kalkuliertem Gewinn. (Diese Art der Preiserstellung bleibt meist theoretisch oder dient als Ausgangsbasis für die weiterführende Preispolitik. Ist dies der Fall, so darf der Punkt nicht angekreuzt werden. Ankreuzen nur dann, wenn der tatsächliche Endpreis auf diese Weise zustande kam.)

1.2 Preise durch Anpassung an übliche Preise auf dem Markt. (Diese Art der Preisfindung ist die üblichste Form, sie entspricht jedoch nicht einer eigenständigen Marketingkonzeption. Im

Marketing muß man sich in erster Linie nach dem Kunden richten – auch wenn es um Preise geht – und erst in zweiter Linie nach dem Wettbewerb.)

1.3 Etwas überdurchschnittlicher Gewinnaufschlag. (Eine solche Preisfindung ist gewöhnlich nur bei Spezialarbeiten möglich, für die im näheren Einzugsgebiet kein adäquater Wettbewerber existiert. Sie ist auch möglich bei Waren, die mit einer hohen Serviceleistung verbunden sind oder deutlich bessere Qualität besitzen und die dadurch exklusiv werden.)

1.4 Etwas unterdurchschnittlicher Gewinnaufschlag. (Eine derartige Preisfindung funktioniert nur bei einem äußerst durchrationalisierten Betrieb. Diese Methode ist meist nur kurzfristig nutzbar, da sie keinen finanziellen Raum für Investitionen schafft, die zur laufenden Modernisierung des Betriebs notwendig sind.)

1.5 Unterbietung von Wettbewerbsangeboten bis zur Preisuntergrenze. (Diese Methode muß langfristig zum Ruin führen. Sie funktioniert nur kurzfristig, wenn der Betrieb Probleme mit der Kapazitätsauslastung hat. Diese Methode ist nur als Kampfmaßnahme denkbar.)

1.6 Preise nach Einschätzung dessen, was der jeweilige Kunde verkraftet. (Die Methode kann bedeuten, daß die Preise von Kunde zu Kunde verändert werden. Sie kommt also für den Verkauf von Waren mit fester Preisauszeichnung nicht in Frage. Es handelt sich um ein sehr gefährliches Instrument, das niemals objektiv gehandhabt werden kann. Da diese Methode nicht planbar ist, muß sie im Sinne guten Marketings als einzige bzw. hauptsächliche Preisfindungsmethode abgelehnt werden.)

1.7 Marktführende Preise. (Eine hervorragende Marketingstrategie, jedoch nur geeignet bei besonderen Spezialarbeiten oder Spezialprodukten und unter der Voraussetzung, daß der Betrieb image- und qualitätsmäßig absolut an der Spitze rangiert.)

1.8 Kostendeckende Preise ohne Gewinnaufschlag. (Nur als kurzfristige Kampfmaßnahme geeignet oder bei Ladengeschäften mit einzelnen Produkten – Sonderangebote – des Gesamtsortiments als Lockaktion.) Derartige Preisaktionen haben jedoch nur Sinn, wenn für den Kunden auch ersichtlich wird, daß es sich um erhebliche Preisvorteile handelt. Direkte Gegenüberstellungen alter und neuer Preise sind allerdings gesetzlich verboten. Aktionen dieser Art unbedingt zeitlich begrenzen und dem Kunden auch diesen Zeitabschnitt mitteilen.

1.9 Nach Zielgruppen variierende Preise. (Eine ausgezeichnete Form der Preisfindung. Voraussetzung: Die Zielgruppen müssen genau charakterisiert sein.)

b) Preisentwicklung

Es folgt nun Hauptpunkt 2 „Preisentwicklung“. Hier untersuchen Sie, wie sich Ihre Preise in den letzten drei Jahren entwickelt haben. Sie weichen also in diesem Falle von dem Beobachtungszeitraum von ein bis zwei Jahren ab. Bei diesem Punkt brauchen Sie einen längeren Beobachtungszeitraum, um die Entwicklung erkennen zu können. Auch die hier gelieferten Vorgaben sind lediglich als Anregungen gedacht und sind zu verändern bzw. zu ergänzen je nach spezifischer Branchen- bzw. Betriebsstruktur.

2.1 Regelmäßige Preissteigerungen. (Sie kommen zustande durch Inflationsraten, Lohnerhöhungen usw. und sind branchenüblich.)

2.2 Unregelmäßige Preissteigerungen. (Regulierung der Preise nach oben oder nach unten in unregelmäßigen Zeitabständen, in Rezessionszeiten und bei heftigen Konjunkturschwankungen kein ungewöhnliches Verhalten.)

2.3 Sprunghafte Preissteigerungen. (Sie sind eine zwangsläufige Maßnahme, wenn längere Zeit keine Preissteigerung erfolgt ist.) Im Einzelhandel ist es mitunter sinnvoll, nur in Teilen des Sortimentes Preissteigerungen vorzunehmen, vor allem, wenn es sich um Produkte mit sehr festen Preisvorstellungen handelt, wie z. B. Brot.

2.4 Preise gleichbleibend. (Dies ist über einen längeren Zeitraum nur durch Kostensenkung möglich, z. B. durch Rationalisierung des Betriebes.)

2.5 Preissenkungen. (Die Maßnahme ist in Rezessionszeiten als Kampfmaßnahme gelegentlich nötig. Sie kann durch Rationalisierung bzw. durch höhere Leistungsausschöpfung der Mitarbeiter ausgeglichen werden.)

c) Konditionen

Hauptpunkt 3 „Konditionen“: In Handwerksbetrieben sind Konditionen noch ungebräuchlicher als in der Industrie und im Handel. Hier werden sie längst als bewährtes Erfolgsrezept eingesetzt. Obwohl dieses Kapitel auch Anregungen für die Zukunft geben soll, geht es bei der Analyse lediglich darum, festzustellen, ob Ihr Betrieb schon mit Konditionen gearbeitet hat und mit welchen. Auch diese Liste ist zu ergänzen.

3.1 Verlängerungen der Zahlungsfrist. (Hierbei handelt es sich um ein verstecktes Darlehen, das besser im Bereich von Dienstleistungsarbeiten als im Bereich von Verkauf von Waren eingesetzt werden kann. Beim Einsatz ist es wichtig, festzustellen, ob die Liquidität des Betriebes nicht darunter leidet.)

3.2 Mengenrabatte. (Bei großen Projekten sinnvoll und häufiger einsetzbar. Ebenso sehr gut als Aktion im Einzelhandel, dann als Naturalrabatt. Zum Beispiel: in der Zwetschgenzeit: 6 Stück Kuchen zum Preis von 5.) Mengenrabatte, vor allem auch Naturalrabatte dürfen gesetzlich in Höhe von ca. 20 bis 25 Prozent gewährt werden.

3.3 Preisnachlässe aus Gefälligkeit. (Zur Gewinnung von wichtigen und großen Neukunden und zur Gewinnung von Auftragsvermittlern, z. B. Architekten im Baugewerbe oder Gastronomen im Nahrungsmittelhandwerk.)

3.4 Darlehen. (Nur möglich, wenn Kapital zur Finanzierung vorhanden ist. In Ausnahmefällen zur Gewinnung wichtiger Neukunden einsetzbar. Statt dessen ist auch Vermittlung von Darlehen denkbar.)

3.5 Saison-Rabatte. (Zur Kapazitätsauslastung von Jahreszeiten, in denen der Absatz von Dienstleistungen oder Waren schwieriger

wird. Beinahe jedes Handwerk hat saisonale Tiefs, die auf diese Weise wenigstens teilweise ausgeglichen werden können.)
Beachten Sie bei Saisonrabatten die gesetzlichen Vorschriften. Grundsätzlich dürfen nicht mehr als 3 Prozent Rabatt gewährt werden.

3.6 Zugaben. (Spezialleistungen oder Artikel können kostenlos zugegeben werden. Dabei müssen allerdings die juristischen Bestimmungen beachtet werden. Erlaubt sind nur Zugaben von geringem Wert, wobei dieser „geringe Wert“ unabhängig ist von der Höhe des Gesamtpreises.)

3.7 Skonti. (Sofern über den branchenüblichen Rahmen hinausgehend.)

3.8 Sonstige.

Bitte beachten Sie bei Rabatten und Konditionen aller Art, daß nach dem Gesetz nicht mehr als zwei Rabatte gegeben werden dürfen. Im nächsten Schritt sind die hier angekreuzten Unterpunkte zu gewichten. Als Rechengrundlage benötigen Sie Ihre Angebote, denn in diesem Zusammenhang sind auch die Kontakte interessant, die nicht zum Auftrag führten. Dies gilt nicht für Ladengeschäfte, da hier keine Angebote abgegeben werden. In diesem Fall sollte eine möglichst objektive Auseinandersetzung mit dem Thema als Arbeitsgrundlage dienen.
Jeder Hauptpunkt ist wieder gleich 100 Prozent zu gewichten.

3.3 Information und Analyse Serviceleistungen

Als Serviceleistungen bezeichnet man zusätzliche und artfremde Leistungen, die nicht direkt zum Angebot gehören. Dies sind alle Arten von Hilfen und Arbeiten, die Ihrem Kunden Erleichterungen bringen. In Handwerksbetrieben, die keine Waren produzieren und verkaufen, sondern ausschließlich Dienstleistungen produzieren, ist es oft schwierig, zwischen Angebot und Service zu unterscheiden. Zwischen Dienstleistung und Service sind die Grenzen fließend.

Hauptpunkt 1: „Unbezahlte Services“

Grundsätzlich unterscheidet man zwischen unbezahlten und bezahlten Serviceleistungen. Da die Definition der unbezahlten Serviceleistungen klarer ist, soll mit ihrer Erläuterung zunächst begonnen werden. Unbezahlte Serviceleistungen sind Arbeiten, die Sie für Kunden ausführen, ohne den Arbeitsaufwand in Rechnung zu stellen. Gewöhnlich gehören alle Arten von Beratung in diesen Bereich. Da die Serviceleistungen von Handwerksbranche zu Handwerksbranche stark voneinander abweichen, können hier leider keine Vorgaben geliefert werden. Statt dessen seien einige Beispiele zur Verdeutlichung des Themas angeführt:

- Für einen Schreinereibetrieb, der auch Innenausbauten und Messebau anbietet, sind bei größeren Projekten Gestaltungsdesign und exakte Zeichnungen des Objektes übliche unbezahlte Serviceleistungen.
- In einem Kfz-Betrieb ist die Diagnose vor der Wartung oder aber die Probefahrt vor dem Verkauf kostenloser Service.
- Ein Schneider, der Maßkonfektion liefert, kann die Beschaffung außergewöhnlicher Stoffe als kostenlosen Service anbieten.
- Ein Friseur kann einer Kundin eine neue Modefrisur anhand von eigens gefertigten Perücken vorführen.
- Ein Elektroinstallateur fertigt für den Architekten die generellen Ausschreibungsbedingungen an.
- Ein Malerbetrieb führt einen Urlaubsservice durch, d. h., er renoviert die Wohnungen, wenn der Auftraggeber mit seiner Familie verreist ist.
- Eine Metzgerei liefert für ihre Kunden wöchentlich neue Vorschläge für Rezepte und Diätpläne.
- Ein Dachdeckerbetrieb vermittelt auch andere Handwerksbetriebe, die zur Modernisierung eines Wohngebäudes notwendig sind.
- Eine Bäckerei verschenkt die speziellen Tragekartons für seine Torten.

- Ein Raumausstatter kommt selbstverständlich ins Haus, um zu beurteilen, ob sich das Aufarbeiten der geerbten Polstermöbel lohnt.

Auch unbezahlte Serviceleistungen kosten letzten Endes Geld. Sie kosten zumindest Zeit, die mit Geld gleichzusetzen ist. Kein Handwerksbetrieb kann Zeit oder Geld verschenken. Diese Art von Serviceleistungen erscheint nur deshalb „unbezahlt", da Zeit und Kosten meist nicht auf den Rechnungen ausgewiesen werden, sondern in den Gemeinkosten enthalten sind.

Hauptpunkt 2: „Bezahlte Services"

Bezahlte Serviceleistungen sind dagegen Arbeiten, die in den jeweiligen Rechnungen mit Preisangabe auftauchen oder offensichtlich in der Kalkulation enthalten sind. Da hier eine Verwechslung mit dem Punkt „Angebot" naheliegt, sind bezahlte Serviceleistungen ausdrücklich Arbeiten oder Waren, die eine *ungewöhnliche* Hilfeleistung für den Kunden bedeuten. Bezahlte Serviceleistungen werden normalerweise zum Erstellungspreis oder Selbstkostenpreis ohne Gewinnaufschlag weitergegeben, können – bei ganz besonderen Leistungen – aber sogar mit erhöhtem Gewinnaufschlag berechnet werden.

Dieser Hauptpunkt ist wiederum nicht für alle Handwerksbranchen vorzugeben. Die Spalte muß also selbst ausgefüllt werden, wobei einige Beispiele als Anregungen dienen sollen:

- Der Schreinerei- und Innenausbaubetrieb übernimmt die Lagerhaltung von Möbeln der auszubauenden Räume (nach Absprache mit einem Spediteur) zu Selbstkosten. Er führt darüber hinaus eine ständige Wartung an den von ihm produzierten Messeständen durch.
- Der Kfz-Betrieb fährt gegen Minimumkostenerstattung die Wagen seiner Kunden beim TÜV vor.
- Die Schneiderei erstellt für wertvolle Stoffe zunächst Schnitte in Nessel gegen Minimumstundenaufwand.
- Der Friseur, der Ohrläppchen für Ohrringe penetriert, liefert den ersten Satz Ohrringe zum Selbstkostenpreis.

- Der Elektroinstallateur richtet eine Abteilung zur Reparatur von Haushaltsgeräten ein.
- Der Malerbetrieb liefert künstlerische Vorlagen für Fassadengestaltungen zum Preis des von ihm beauftragten Grafikers.
- Der Metzgerbetrieb liefert vorproduzierte pfannenfertige Ware, wie z. B. fertige Schaschlikspieße, mit erhöhtem Gewinnaufschlag.
- Der Bäcker hält ein Fotoalbum bereit, aus dem sich ein Kunde z. B. Hochzeitstorten aussuchen kann. Diese werden dann normal kalkuliert.
- Der Raumausstatter kooperiert mit einer Bettfedernreinigung, holt und bringt die Teile und berechnet dessen Preis mit Aufschlag weiter.

Diese Liste ließe sich noch beliebig verlängern. Notwendig ist es jedoch, daß Sie die in Ihrer Branche üblichen bezahlten und unbezahlten Services auflisten, um dann anzukreuzen, welche dieser Leistungen von Ihrem Betrieb im Beobachtungszeitraum geliefert wurden.

Falls Sie keinerlei Services angeboten haben, so führen Sie dennoch alle möglichen Services auf, lassen jedoch die Spalte für den eigenen Betrieb frei. Diese Auflistung wird später für die Analyse des Wettbewerbs noch benötigt.

Bei den Services entfällt eine Gewichtung nach Prozent, da Services gewöhnlich weder zahlenmäßig noch finanziell exakt zu erfassen sind.

3.4 Information und Analyse Vertrieb

Der Vertrieb spielt eine besonders wichtige Rolle im Marketing, da er das Instrument ist, das den eigentlichen „Verkauf" bewirkt. Während alle anderen Instrumente den Kunden indirekt ansprechen und zu beeinflussen versuchen, ist man hier dem Kunden direkt konfrontiert. Hier steht man dem Kunden gegenüber, hier ist man seinen Entscheidungen unmittelbar ausgeliefert.

In diesem Kapitel geht es darum, die in den letzten beiden Kapiteln vorgestellte Checkliste in bezug auf den eigenen Betrieb in folgenden Hauptpunkten auszufüllen:
Hauptpunkt 1 „Aktionsradius – Einzugsgebiet"
Hauptpunkt 2 „Standort nach Wohnortgröße"
Hauptpunkt 3 „Standort nach Kaufkraft"
Hauptpunkt 4 „Standort nach Einkaufsbedingungen"
Hauptpunkt 5 „Verkaufspersonal"
Hauptpunkt 6 „Verkaufsmethoden – Angebotsabgabe"
Hauptpunkt 7 „Verkaufsform qualitativ nach Form des Kontaktes"
Hauptpunkt 8 „Verkaufsform nach Angebotsabwicklung bzw. Verkaufsabwicklung"
Hauptpunkt 9 „Verkaufsform nach Kundenberatung"
Hauptpunkt 10 „Neugeschäftsmethoden"
Hauptpunkt 11 „Auftragsbestand – Kapazitätsauslastung".

Mit Hauptpunkt 1 „Aktionsradius – Einzugsgebiet" ist der geografische Umkreis gemeint, in dem der Betrieb aufgrund von Wohngebieten, Verkehrsbedingungen oder Fahrzeugpark tätig wird. Das Einzugsgebiet ist in Kilometer Umkreis festzulegen, entweder als Radius oder exakt unter Einbeziehung der Straßen- bzw. Verkehrsverhältnisse. Zur Festlegung des Aktionsradius bzw. Einzugsgebietes benötigt man einen Stadtplan oder aber auch einen Plan der näheren Umgebung. Hauptpunkt 1 läßt sich allgemein beschreiben oder aber exakt festlegen. Allgemein beschrieben könnte er aufgegliedert werden wie folgt:

1.1 Begrenzt auf die nächste Umgebung (bei kleinen Betrieben und im Einzelhandel häufig).
1.2 Im gesamten Landkreis (regionale Begrenzung für Betriebe ohne Ladengeschäft).
1.3 Aktionsradius größer als Landkreis (nur in Ausnahmefällen, bei hochspezialisierten Arbeitsleistungen oder bei Betrieben mit mehreren Filialen).

Exakte Beschreibung:

1.4 Einzugsgebiet in .... Kilometer Radius
1.5 Einzugsgebiet bis Orte, Straßen bzw. Plätze: ....

Hauptpunkt 2 *„Standort nach Wohnortgröße“* gibt für einige Handwerksbranchen Aufschluß über die Kundendichte oder über bestimmte Anliegen, die Kundengruppen haben können. Dieser Punkt läßt sich wie folgt untergliedern:

2.1 Ländliche Gegend (vorwiegend Dörfer und Kleinstädte bis 30 000 Einwohner).

2.2 Stadtnähe (es ergibt sich ein Gemisch aus Stadt- und Landverhältnissen).

2.3 Mittelgroße Stadt (30 000 bis 100 000 Einwohner).

2.4 Großstadt (ab 100 000 Einwohner).

2.5 Alle Ortstypen vorhanden (gilt vor allem für Betriebe mit größerem Einzugsgebiet in Großstadtnähe und für Betriebe mit mehreren Filialen. Einheitliche Ansprache wird wegen des starken Gemischs von Kundengruppen kompliziert).

Oder bei Einzelhandelsgeschäften:

2.6 Citylage im Zentrum

2.7 Citylage in Stadtteilen

2.8 Wohngebiete

2.9 Gemischte Wohn- und Einkaufsgebiete

2.10 Gewerbegebiete

2.11 Shop in shop

2.12 Sonstiges.

Hauptpunkt 3 *„Standort nach Kaufkraft“*. Hier interessieren die finanziellen Möglichkeiten und die soziale Schicht der Kunden. Eine Untergliederung kann individuell vorgenommen werden, jedoch kann eine grobe Aufteilung wie folgt aussehen:

3.1 Kapitalkräftige Kundenschicht vorhanden (wohlhabende Kunden mit hohen Einkommen ohne Finanzierungsprobleme).

3.2 Finanzierung durch Banken und Kreditinstitute (gilt für größere Projekte, bei Kunden, die zwar in größeren finanziellen Dimensionen denken, jedoch nicht selbst finanzieren).

3.3 Juristische Personen (Betriebe, die als Kunden fungieren).

3.4 Mittelstandsbürger mit regelmäßigem Einkommen (verfügen nicht über größere Finanzierungsmöglichkeiten, können sich aber regelmäßig einen gesunden Lebensstandard leisten).

3.5 Nicht finanzierungsfähige Kunden (sozial schwächere Kunden und Kunden mit hohen Verschuldungen).

Für einige Handwerksbetriebe, vor allem aus dem Ausbaugewerbe, kann die Kundendichte ebenfalls eine große Rolle spielen. Für Betriebe dieser Art kann ein weiterer Punkt eingefügt werden, der den Standort nach der Kundendichte definiert. Hier wäre zu unterscheiden, ob die Kunden weit auseinander wohnen (lange Wege für Fuhrpark) oder ob sie dicht in dem Einzugsgebiet oder einem Teil des Einzugsgebietes beieinander wohnen.

Hauptpunkt 4 *„Standort nach Einkaufsbedingungen"* ist ebenfalls nur für einen Teil der Handwerksbetriebe interessant, und zwar für alle Betriebe, die auch ungewöhnliche Arbeitsleistungen oder Waren anbieten, für die die Beschaffung des Grundmaterials nicht immer den üblichen Wegen folgt. Hier könnte differenziert werden zwischen:

4.1 Rasche Beschaffung gängiger Materialien.
4.2 Zeitaufwendige Sonderbeschaffungen (im Einzelfall näher definieren).

In Hauptpunkt 5 *„Verkaufspersonal"* wird festgestellt, welche Personen mit wieviel Prozent ihrer Arbeitszeit am aktiven „Verkauf" beteiligt sind. Zur Erklärung sei noch einmal festgestellt, daß es sich im Marketing bei dem Begriff „Verkauf" nicht allein um die Tätigkeit in einem Ladengeschäft handelt. Im Marketing ist „Verkauf" auch die Tätigkeit, die z. B. in einem Beratungsgespräch aufgewendet wird, um einen Auftrag zu gewinnen. Das Verkaufspersonal sind also alle Personen, die sich aktiv der Gewinnung von Aufträgen widmen. Nur so ist auch der folgende Vorschlag für die Untergliederung des Verkaufspersonals zu verstehen, die natürlich wiederum von Betrieb zu Betrieb individuell ausgefertigt werden kann.

5.1 Betriebsinhaber.
5.2 Geschäftsführer.
5.3 Spezieller Außendienstmann (eine Art Vertreter, der aber viel vom Handwerk verstehen muß).

5.4 Abteilungsleiter (in größeren Betrieben im Dienstleistungsbereich führen Abteilungsleiter die Verhandlungen für ihren Bereich oft selbst).
5.5 Ladenpersonal (Mitarbeiter, die im Ladengeschäft tätig sind. Hier evtl. unterteilen nach gelernten, ungelernten und Hilfskräften, Auszubildende).
5.6 Andere Mitarbeiter (Mitarbeiter, die sonst Arbeitsleistungen erbringen und nicht üblicherweise verkaufen).
5.7 Familienmitglieder (Mitarbeiter der Familie, die regelmäßig oder aushilfsweise mithelfen. Hier ist an Hilfskräfte ohne festes Gehalt gedacht. Andernfalls sind diese Familienmitglieder in eine der vorgenannten Rubriken aufzunehmen).

Hauptpunkt 6 „*Verkaufsmethoden – Angebotsabgabe*" beschäftigt sich mit der Art, wie Angebote ausgefertigt werden und gilt nicht für Ladengeschäfte. Hier sind folgende Unterteilungen denkbar:
6.1 Vorgedruckte Angebote mit vorgedruckten Begleitschreiben (die rationellstc, aber unpersönlichste Form).
6.2 Vorgedruckte Angebote mit persönlichem Begleitschreiben (eine gute Form, die es erlaubt, auf die individuellen Wünsche der Kunden einzugehen).
6.3 Individuelle Angebote ohne Vordrucke, Postversand (sinnvoll bei kleinen Projekten, sonst oft unrationell).
6.4 Angebot wird persönlich überreicht (individuellste Form, aber zeitaufwendig).
6.5 Angebot wird durch Referenzen belegt (eine gute, stark verkaufende Form, möglicherweise aber zu aufwendig bei sehr kleinen Projekten).

Hauptpunkt 7 „*Verkaufsform qualitativ nach Form des Kontaktes*". Mit der Form des Kontaktes soll die gewissermaßen stimmungsmäßige Beziehung festgestellt werden, mit der der Kontakt zu Kunden gehalten bzw. zu neuen Kunden aufgenommen wird. Es geht darum, zu erkennen, in welcher Atmosphäre Kunden mit dem Betrieb in Beziehung stehen, um auch dieses psychologische Umfeld in Zukunft nicht mehr dem Zufall zu überlassen. In der später durch-

zuführenden Marketingplanung wird dann das zukünftige Verhalten in dieser Hinsicht entschieden, da gerade die atmosphärischen, stimmungsmäßigen Effekte für die Imagebildung eines Betriebes eine große Rolle spielen.
Nachstehend werden wiederum einige Kontakt-Möglichkeiten vorgegeben, wobei es starke Abweichungen zwischen Kontakten bei Kunden von eher dienstleistungsorientierten Betrieben und Kunden von Ladengeschäften geben wird. Auch diese Auflistung ist wiederum als Anregung gedacht und sollte individuell ergänzt werden:

7.1 Rein anonymer Kontakt (der Kontakt bleibt anonym, wenn sich die Kundenbeziehung z. B. lediglich auf Briefwechsel beschränkt. Diese Kontaktform trifft am häufigsten zu, wenn man es nicht mit privaten Kunden, sondern mit Firmenkunden zu tun hat).

7.2 Persönlicher, gehemmter Kontakt (der Kontakt zum Kunden ist direkt, jedoch ist die Beziehung problematisch und die Atmosphäre angespannt).

7.3 Persönlicher Kontakt mit hohem Sympathiewert (führt zu einer besonders angenehmen Atmosphäre, schafft verhandlungsbereite Kunden und führt zu langfristiger Kundenbindung).

7.4 Persönliche Freundschaft (engste Kundenbeziehung, jedoch trotz angenehmer Atmosphäre nicht unproblematisch. Der Kontakt kann unter Umständen aufgrund von persönlicher Nähe zu weit von einer rationalen Verhandlungsbasis entfernt sein).

7.5 Persönlicher, rein sachlicher Kontakt (auch hier ist eine gute Verhandlungsbasis gegeben, die Beziehung zum Kunden bleibt rein geschäftlich, Stammkunden werden durch gute, rational richtig beurteilte Arbeitsleistungen gewonnen).

Hauptpunkt 8 *„Verkaufsform nach Angebotsabwicklung bzw. Verkaufsabwicklung“* erfaßt die Arten, nach denen die Verkäufe getätigt werden bzw. Angebotsschreiben ausgestellt werden. Dieser Punkt ist für Dienstleistungsbetriebe des Handwerks interessant, um mögliche Quellen der Unzufriedenheit des Kunden aufzudekken. Für Betriebe mit Ladengeschäften ergeben sich hieraus unter Umständen Überlegungen für die Gestaltung des Verkaufsraumes oder die Personalplanung. Folgende Unterteilung ist möglich, die jedoch ebenfalls betriebsspezifisch ergänzt werden sollte:

8.1 Zügige Abwicklung (Kunden müssen nicht überdurchschnittlich lange auf Bedienung oder Angebot warten. Die beste Abwicklungsform. Achtung jedoch, daß in betriebsärmeren Zeiten keine Kapazitätslücken entstehen bzw. Zeit für Zusatzangebote bleibt).

8.2 Innerhalb normaler Frist (branchenübliche Gegebenheiten führen jedoch zu Wartezeiten in Schwerpunktzeiten).

8.3 Gelegentliche Verzögerungen (selten, aber immer wieder müssen Kunden länger als branchenüblich auf Käufe oder Angebote warten. Vorsicht, kann zum Kundenverlust führen. Eventuell Rationalisierungen vornehmen oder Hilfspersonal einstellen).

8.4 Häufigere Verzögerungen (Rationalisierungen dringend erforderlich. Es besteht die Gefahr, daß auch Stammkunden dem Betrieb untreu werden).

8.5 Eilabwicklung (gilt im allgemeinen nur für Handwerksbetriebe im Dienstleistungsbereich und kann unter Umständen als besondere Serviceleistung angeboten werden).

Hauptpunkt 9 *„Verkaufsform nach Kundenberatung“* ist für die Verkaufsmethode von besonderer Bedeutung. Hier soll festgestellt werden, ob man sich auf das reine Verkaufen und Anbieten bzw. Ausführen beschränkt oder ob der Kunde in seiner Wichtigkeit als zu pflegender Kunde und Stammkunde richtig bewertet wird. Die nun folgende Unterteilung kommt sowohl für Handwerksbetriebe im Dienstleistungsbereich wie für Handwerksbetriebe mit Ladengeschäften in Frage:

9.1 Grundsätzlich erfolgt Kundenberatung (bei jedem Kundengespräch, bei jedem Auftrag wird der Kunde grundsätzlich beraten. Diese Beratungsform sorgt für eine enge Kundenbindung und ist vor allem bei privaten Kunden unerläßlich).

9.2 Spontane Zufallsberatung (aufgrund plötzlicher Beobachtungen oder Bemerkungen der Kunden wird spontan eine Beratung abgegeben. Die Beratung ist hier nicht System, sondern hängt von der zufälligen Einsatzbereitschaft oder der zufälligen Begabung der mit dem Verkauf beschäftigten Personen ab).

9.3 Geplante, jedoch nicht umfassende Beratung (die Beratung ist Bestandteil des Verkaufssystems, erfolgt jedoch nicht kontinuierlich bei jedem Kundengespräch, sondern hängt von bestimmten Voraussetzungen ab, z. B. von einem bestimmten Bedarf des Kunden, von Verkaufsaktionen usw.).

9.4 Keine Beratung (hier entfallen alle Möglichkeiten für Zusatzverkäufe. Ein ungutes System, das keine positive Imagebildung erzeugt).

9.5 Selbstbedienung (gilt für Geschäfte. Hier entfällt die Beratung weitgehend, kann jedoch trotzdem gelegentlich durchgeführt werden).

Bei Einzelhandelsgeschäften wäre hier noch festzuhalten, ob mit Umsatzprämien oder sonstigen Verkaufsprämien für das Ladenpersonal gearbeitet wird. Für die spätere Marketingplanung wäre es wichtig, diese Möglichkeiten zumindest einmal zu durchdenken.

Hauptpunkt 10 „*Neugeschäftsmethoden*" soll feststellen, in welcher Weise neue Kunden gewonnen werden. Es soll erkannt und in der späteren Marketingplanung entschieden werden, wie man Kunden gewinnt, für die man bisher noch nicht tätig war. Nicht alle der Untergliederungspunkte gelten sowohl für Handwerksbetriebe, die Dienstleistungen anbieten, als auch für Handwerksbetriebe, die auch Waren verkaufen. Für den eigenen Betrieb ist das jeweils Zutreffende festzustellen, wobei die Liste wiederum zu ergänzen ist:

10.1 Einsatz von Werbemitteln (breite Streuung an alle möglichen zukünftigen Kunden).

10.2 Beteiligung an Ausschreibungen (gilt für Firmenkunden).

10.3 Empfehlung durch andere Kunden (dies ist die intensivste und beste Form, Neugeschäfte zu machen. Leider ist sie nicht zu steuern und daher vom Zufall abhängig. Meist handelt es sich auch um eine seltene Form der Neugeschäftsaufnahme).

10.4 Kontakt durch den Kunden wird abgewartet (dies ist die passivste Form, die nur bei sehr guter Konjunktur oder bei sehr geringem Wettbewerb funktioniert. Voraussetzung ist in beiden Fällen ein hoher Bekanntheitsgrad des Betriebes).

10.5 Akquisiteure oder Vertreter werden eingesetzt (eine sehr aktive Neugeschäftsform, die auch sehr erfolgversprechend ist. Da sie sehr teuer ist, kommt sie jedoch nur für große Aufträge und für wichtige Kunden in Frage).

10.6 Gezielte Aktionen an ausgewählte Zielgruppen (entspricht am ehesten dem Einsatz von Werbemitteln, jedoch nicht in breiter Streuung, sondern an ganz bestimmte, eingegrenzte Personengruppen. Eine erfolgversprechende Methode, die jedoch ebenfalls kostenintensiv ist).

10.7 Auftreten in der Öffentlichkeit. Das Ziel ist, sich oder den Betrieb bekannt zu machen, z. B. in Clubs und Vereinen, durch aktive Beteiligung am Gemeindeleben oder in der Politik, durch das Schreiben von Artikeln, Büchern etc.

Hauptpunkt 11 *„Auftragsbestand – Kapazitätsauslastung“*. In der Marketingplanung ist eine möglichst gleichmäßige Arbeitslage über das ganze Jahr zu erzielen. An dieser Stelle muß zunächst festgestellt werden, ob der Betrieb bereits ausgeglichen arbeitet oder ob er starken Schwankungen unterliegt. Hier kommt für alle Arten von Betrieben folgende Untergliederung in Frage:

11.1 Ausgeglichene Kapazitätsauslastung.

11.2 Befriedigend gleichmäßige, nur zeitweise lückenhafte Kapazitätsauslastung.

11.3 Kapazität nicht ausgelastet (in der Spalte Bemerkungen sollten jetzt in jedem Falle die Gründe analysiert werden, warum die Kapazität nicht ausgelastet ist. Liegt dieses an branchenüblichen saisonalen Schwankungen, an Mängeln in dem Angebot, an Personalmängeln oder welchen Betriebsproblemen sonst?).

11.4 Ständige Kapazitätsüberlastung (da diese Form langfristig zu Unzufriedenheit der Kunden führt, müssen auch hier mit Hilfe der Marketingplanung Problemlösungen gefunden werden).

Zur Auswertung: Kreuzen Sie zunächst an, welche dieser Punkte im Beobachtungszeitraum auf Ihren Betrieb zutrafen. Anschließend wird wiederum gewichtet. Und zwar wird jeder der Hauptpunkte für sich gewichtet, d. h., daß jeder Hauptpunkt gleich 100 Prozent sein muß. Nachstehend eine Liste, in welcher Weise bei jedem Hauptpunkt am günstigsten gewichtet wird:

- Hauptpunkt 1 „Aktionsradius – Einzugsgebiet": Gewichtet wird aufgrund der Rechnungen nach dem Umsatzvolumen des Beobachtungszeitraumes.
- Hauptpunkt 2 „Standort nach Wohnortgröße": Gewichtet wird nur, wenn der Betrieb über mehrere Filialen verfügt. In diesem Falle wird nach dem Umsatz pro Filiale gewichtet.
- Hauptpunkt 3 „Standort nach Kaufkraft": Gewichtet wird nach den Umsätzen, die man bei Kunden der verschiedenen Gruppen getätigt hat.
- Hauptpunkt 4 „Standort nach Einkaufsbedingungen": Gewichtet wird nach der Zahl der Aufträge.
- Hauptpunkt 5 „Verkaufspersonal": Die gesamte Arbeitszeit, die für die Gewinnung von Kunden bzw. den Verkauf aufgewendet wurde, wird gleich 100 Prozent gesetzt. Stellen Sie nun fest, welche der Mitarbeitergruppen mit wieviel Prozent hieran beteiligt war.
- Hauptpunkt 6 „Verkaufsmethoden – Angebotsabgabe": Hier wird nach der Zahl der abgegebenen Angebote gewichtet, also nicht nur nach der Zahl der erfolgreichen Aufträge. Es helfen am besten die Kopien der Angebote des Beobachtungszeitraumes.
- Hauptpunkt 7 „Verkaufsform qualitativ nach Form des Kontaktes": Hier kann man sich nur nach Schätzwerten richten. Gehen Sie von der wahrscheinlichen Zahl aller Kontakte aus.
- Hauptpunkt 8 „Verkaufsform nach Angebotsabwicklung bzw. Verkaufsabwicklung": Auch hier kann wiederum geschätzt oder von konkreten Angebotskopien ausgegangen werden.
- Hauptpunkt 9 „Verkaufsform nach Kundenberatung": Hier wird die geschätzte Zahl aller Beratungsgespräche des Beobachtungszeitraumes gleich 100 Prozent gesetzt. Die Aufteilung ergibt sich aufgrund von Schätzungen.

- Hauptpunkt 10 „Neugeschäftsmethoden“: 100 Prozent sind die Gesamtzahl aller Neugeschäftskontakte des Beobachtungszeitraumes, ob erfolgreich oder nicht.
- Hauptpunkt 11 „Auftragsbestand – Kapazitätsauslastung“: Für die Gewichtung sollten hier Personaleinsatzpläne und persönliche, objektive Beobachtungen als Material dienen.

3.5 Information und Analyse Kommunikation

Als Instrument des Marketing umfaßt der Bereich Kommunikation Werbung, Verkaufsförderung und Public Relations (Öffentlichkeitsarbeit, kurz PR genannt). Natürlich sind auch Verkaufsgespräche und Geschäftsbriefe im Grunde Kommunikationsmittel, da auch hier ein Kontakt zwischen dem Sender einer Botschaft und dem Empfänger zustande kommt. Kommunikation – als Instrument eingesetzt – meint hier die Maßnahmen und Mittel, mit denen man sich an eine größere Gruppe von möglichen, zukünftigen Kunden wendet.

Gerade im Handwerk ist die Unterscheidung von Werbung und Verkaufsförderung schwierig zu treffen, da beide Bereiche ineinander übergehen und man häufig von verkaufsfördernder Werbung sprechen kann. Obwohl Werbung und Verkaufsförderung im Handwerk kaum in der exakt abgegrenzten Form eingesetzt werden, sollen doch, des besseren Verständnisses wegen, beide Bereiche mit einigen ihrer typischen Merkmale charakterisiert werden.

Werbung

Unter Werbung versteht man kontinuierliche Maßnahmen, die längerfristig wirken sollen. Werbung soll in erster Linie Image für einen Betrieb bilden. Sie soll dem Kunden Informationen über das Angebot (Waren oder Dienstleistungen) eines Betriebes vermitteln, und sie soll zugleich motivierend auf ihn wirken. Werbung soll also nicht nur seine rationalen, sondern auch seine emotionalen Bedürfnisse ansprechen. Über den Weg der positiven Imagebildung soll Werbung natürlich letzten Endes auch zum Verkauf der Ware oder der Dienstleistung führen. Wichtig, vor allem für Betriebe, deren Kunden selten Bedarf haben.

Verkaufsförderung
Verkaufsförderung dagegen soll kurzfristig zur raschen Umsatzförderung beitragen. Verkaufsförderungsmaßnahmen sind daher meist kurzlebige Aktionen, begrenzte Einzelmaßnahmen, die nur einen kurzzeitigen Effekt haben. Sie wirken wenig imagebildend und erzeugen kein nachhaltiges Vertrauen bei dem zukünftigen Kunden. Verkaufsförderungsaktionen gehen häufig zu Lasten des Gewinns, aufgrund von Sonderpreisen, Gewinnen oder Geschenken.

Für einen Handwerksbetrieb ist es am besten, beide Kommunikationswege miteinander zu kombinieren. Man sollte sich also weder ausschließlich für Verkaufsförderung noch ausschließlich für Werbung entscheiden, sondern man sollte die Vorteile beider Wege nutzen:
Verkaufsförderung, um rasch den Umsatz zu beleben; Werbung, um lange und positiv in der Erinnerung der Angesprochenen zu bleiben.

Public Relations
Public Relations (Öffentlichkeitsarbeit, z. B. über Redaktionen) kommen als Kommunikationsweg für Handwerksbetriebe nur selten in Frage. Damit z. B. die Presse über einen Handwerksbetrieb berichtet, müssen schon ganz besondere Ereignisse stattfinden oder geschaffen werden. Da aber auch Public Relations für den Handwerksbetrieb initiiert werden können, sollen sie bei der Analyse des eigenen Standpunktes berücksichtigt werden.
Über die Handhabung von Werbung, Verkaufsförderung und Public Relations werden die letzten Kapitel dieses Buches ausführlich berichten. In diesem Kapitel geht es zunächst immer noch um die Analyse des eigenen Standpunktes, um das Erfassen der Maßnahmen, die in dem Beobachtungszeitraum eine Rolle gespielt haben.

Es gilt zunächst einmal festzustellen, wer Ihre Zielgruppen waren, mit wem Sie kommuniziert haben. Der Begriff „Zielgruppe“ wurde bereits erläutert. Hier sei nur noch einmal kurz zusammengefaßt, daß man unter Zielgruppe Personengruppen mit gleichen Interessen versteht, die man mit seiner Kommunikation erreichen wollte. *Je genauer Sie diese Zielgruppen nach demografischen oder typologischen Kriterien definieren, um so genauer können Sie sie später ansprechen und um so eindringlicher werden die Argumente der Kommunikation sein. Je ungenauer die Zielgruppe beschrieben werden muß, um so größer ist die Gefahr, daß Menschen erreicht werden, die gar keinen Bedarf an der handwerklichen Leistung oder an den produzierten Waren haben.*
Da die Zielgruppen von Handwerksbetrieb zu Handwerksbetrieb je nach Branche stark voneinander abweichen können, werden hier verschiedenste Kriterien für die Erfassung von Zielgruppen aufgelistet. Nicht alle diese Kriterien sind für alle Handwerksbranchen gleichermaßen interessant. Suchen Sie sich also die Beschreibungskriterien heraus, die für Ihren Betrieb in Frage kommen. Bitte bedenken Sie noch einmal, daß es sich hier zunächst um die Erfassung der jüngsten Vergangenheit handelt. Füllen Sie ihre Checklisten wieder in der gewohnten Form aus:
In die erste Spalte Leistungsbeschreibung fügen Sie die Hauptgruppen ein, soweit sie hier beschrieben sind und für Ihren Betrieb in Frage kommen. In die Spalte „Anmerkungen“ fügen Sie Erläuterungen ein, die für Ihren späteren Marketingplan von Bedeutung sein können.
Die Checkliste Kommunikation wird in 14 Hauptpunkte aufgeteilt:
Hauptpunkt 1: Zielgruppen-Funktion
Hauptpunkt 2: Alter
Hauptpunkt 3: Geschlecht
Hauptpunkt 4: Beruf
Hauptpunkt 5: Soziale Schicht
Hauptpunkt 6: Familiengröße
Hauptpunkt 7: Kaufmotive
Hauptpunkt 8: Werbung
Hauptpunkt 9: Verkaufsförderung

Hauptpunkt 10: Public Relations
Hauptpunkt 11: Etat
Hauptpunkt 12: Konzeption
Hauptpunkt 13: Hilfskräfte
Hauptpunkt 14: Hilfsmittel.

Parallel zum reinen Ausfüllen und Ankreuzen der Spalte „ja" können zugleich sofort die Gewichtungen durchgeführt werden. Denken Sie bitte daran, daß jeder Hauptpunkt für sich mit insgesamt 100 Prozent gewichtet wird.

Hauptpunkt 1 „Zielgruppen-Funktion" soll erfassen, ob es sich bei Ihren Zielgruppen um juristische Personen oder um Privatpersonen handelt. Je nach Branche können die hier aufgeführten Unterpunkte noch weiter unterteilt werden.

1.1 Öffentliche Auftraggeber (Bund, Land, Gemeinden und andere öffentliche Institutionen, die für die Behörde selbst oder für deren Mitarbeiter Aufträge erteilen).
1.2 Firmen und Betriebe (die als Auftraggeber für den betreffenden Betrieb oder für deren Mitarbeiter Aufträge erteilen).
1.3 Privat-geschäftliche Auftraggeber (Auftraggeber, bei denen sich nicht exakt definieren läßt, ob der Auftrag für den privaten oder für den geschäftlichen Bedarf erteilt wird).
1.4 Private Auftraggeber oder Kunden (hier ließe sich wiederum nach Stammkunden und gelegentlichen Kunden untergliedern, was vor allem für Betriebe mit Ladengeschäften interessant ist).

Gewichtet wird Hauptpunkt 1 nach der Zahl der Personen bzw. der Firmen, mit denen Sie kommuniziert haben. Hier werden alle Kontakte mit 100 Prozent zusammengefaßt, auch wenn sie nicht zu Aufträgen führten.

Hauptpunkt 2 „Alter" kann in größere oder kleinere Altersgruppen unterteilt werden. Eine gröbere Unterteilung wäre:

2.1 bis 24 Jahre
2.2 25 bis 40 Jahre
2.3 41 bis 59 Jahre
2.4 60 Jahre und mehr.

Eine genauere Unterteilung ließe sich wie folgt vornehmen:

2.1 16 bis 19 Jahre
2.2 20 bis 29 Jahre
2.3 30 bis 39 Jahre
2.4 40 bis 49 Jahre
2.5 50 bis 59 Jahre
2.6 60 Jahre und mehr.

Hauptpunkt 2 ist vor allem im Zusammenhang mit privaten Personen als Kunden interessant. Die Definition der Zielgruppe nach Alter kann für Betriebe mit Ladengeschäften oder für Betriebe, die Waren herstellen, die der Mode unterliegen, besonders wichtig sein. Für die Gewichtung sind hier die erfolgreichen Abschlüsse von Bedeutung.

Hauptpunkt 3 „Geschlecht“ betrifft meist nur Privatpersonen. Hier sollte davon ausgegangen werden, welche Person die Kaufentscheidung oder die Entscheidung für einen Auftrag fällt. Damit wird die Unterteilung sehr einfach:

3.1 Männer
3.2 Frauen
3.3 Frauen und Männer gemeinsam.

Bei der Gewichtung – zu der Sie noch einmal Ihre Angebotsunterlagen zu Rate ziehen sollten – berücksichtigen Sie wieder nur die Angebote, die zu einem erfolgreichen Abschluß führten.

Hauptpunkt 4 „Beruf“: Hier geht es um den Beruf des Haushaltungsvorstandes. Dabei ist es unerheblich, ob der Haushaltsvorstand männlich oder weiblich ist. Auch Einpersonenhaushalte sind in diesem Sinne als Haushalt anzusehen. Bei der Unterteilung sollte man sich der in der Demografie üblichen Aufschlüsselung anpassen:

4.1 Leitende Angestellte, höhere Beamte, Unternehmer (Direktoren, Vorstände, Betriebsinhaber, Beamte mit Spitzengehältern).
4.2 Übrige Angestellte und Beamte, Inhaber von Kleinbetrieben.
4.3 Freiberuflich Tätige (Selbständige ohne große Betriebe).

4.4 Facharbeiter, ausgebildete Handwerker usw.
4.5 Arbeiter ohne Fachausbildung, Hilfskräfte usw.
4.6 In Ausbildung befindliche (z. B. Studenten, Umschüler).
4.7 Hausfrauen (nur wenn kein Haushaltungsvorstand vorhanden ist).
4.8 Arbeitslose (kommen für Handwerksbetriebe als Kunden selten in Frage).
4.9 Pensionäre, Rentner (in dieser Zielgruppe ist oft sehr viel frei verfügbares Einkommen vorhanden. Sehr interessante und ständig wachsende Gruppe).

Die Gewichtung richtet sich wiederum nach der Zahl der erfolgreichen Abschlüsse bzw. Verkäufe in Ladengeschäften. Letztere können nur geschätzt werden, da eine Kontrollmöglichkeit fehlt. Es sei denn, Sie wünschen eine richtiggehende Betriebsmarktforschung durchzuführen.

Hauptpunkt 5 „Soziale Schicht“ soll dazu beitragen, einen besseren Überblick über die sozialen Verhältnisse der Kunden zu gewinnen, wenn sich dies nicht aus den Berufen direkt ableiten läßt. Da Sie die Einkommen Ihrer Zielgruppen oft nicht kennen, können Sie hier nur grobe Schätzungen vornehmen. Gewichtet wird wieder auf der Basis der Zahl der durchgeführten Aufträge oder Verkäufe. Die Unterteilung wird üblicherweise wie folgt vorgenommen:
5.1 A (oberste Spitzenschicht mit absoluten Höchsteinkommen)
5.2 B (intellektuelle Oberschicht, soweit nicht schon in A enthalten)
5.3 C 1 (gehobene und mittlere Mittelschicht, gute und mittlere Einkommen)
5.4 C 2 (untere Mittelschicht, leicht unter Durchschnitt liegende Einkommen)
5.5 D (untere soziale Schichten, wesentlich unterdurchschnittliche Einkommen).
Das durchschnittliche Nettoeinkommen pro Haushalt liegt z. Z. in der Bundesrepublik bei über 3000 DM pro Monat.

Hauptpunkt 6 „Familiengröße" hilft, die Zielgruppen der Privatpersonen etwas besser in den Griff zu bekommen. Die Unterteilung kann wie folgt aussehen:

6.1 Einpersonen-Haushalt
6.2 Zweipersonen-Haushalt
6.3 Drei- bis Vierpersonen-Haushalt mit Kindern unter 16 Jahren
6.4 Drei- bis Vierpersonen-Haushalt ohne Kinder unter 16 Jahren (meist mehrere Verdiener)
6.5 Großfamilie mit mehr als 4 Personen.

Gewichtet wird wiederum nach der Zahl der erfolgreichen Abschlüsse bzw. Verkäufe, bei Ladengeschäften geschätzt.

Hauptpunkt 7: „Kaufmotive" erfaßt die verdeckten Wünsche und Interessen, die zur Entscheidung für den Kauf führen. Bei vergleichbaren Wettbewerbern erhält der den Zuschlag, der die Motive besser anspricht und befriedigt.
Die wichtigsten Kaufmotive für den Handwerksbereich werden hier aufgeführt. Je nach Branche kommen noch weitere hinzu, die hier unmöglich alle erfaßt werden können. Es empfiehlt sich, selbst noch einmal über die „inneren" Gründe nachzudenken, die zu einem Kauf wesentlich beitragen:

- Prestige
- Selbstverwirklichung
- Selbstdarstellung/Image
- Unterhaltung/Abwechslung
- Sicherheit/Geborgenheit
- Preisvorteil/Renditedenken
- Gesundheit
- Umweltbewußtsein
- Tradition
- Konformismus/Anpassung
- Bequemlichkeit
- Lob/Anerkennung
- Machtausübung

Spezielle Motive:
- Werterhaltung
- Schönheitsbedürfnis/Ästhetik
- Sexualität
- Genuß (Lebensmittel)
- Frische (Lebensmittel)

Gewichtet wird nach Einschätzung, wobei alle Kunden = 100 % zu setzen sind.

Hauptpunkt 8 „Werbung" soll erfassen, in welcher Weise Werbung betrieben wurde. Bei diesem Hauptpunkt wird nicht gewichtet. Die Unterteilung:

8.1 Wird kontinuierlich betrieben (regelmäßige Werbemaßnahmen für bestimmte Leistungen oder Angebote oder für den Betrieb)
8.2 Wird sporadisch betrieben (gelegentliche, unregelmäßige Werbemaßnahmen)
8.3 Wird so gut wie nicht betrieben
8.4 Wird nicht betrieben.

Alles Werbematerial, das Sie in den letzten Jahren erstellt haben, sollte als komplette Sammlung zur Verfügung stehen.

Hauptpunkt 9 „Verkaufsförderung": Auch er wird nicht gewichtet, sondern nur erhoben.

9.1 Wird kontinuierlich betrieben (regelmäßige Aktionen)
9.2 Wird sporadisch betrieben (gelegentliche, unregelmäßige Aktionen)
9.3 Wird so gut wie nicht betrieben
9.4 Wird nicht betrieben.

In Ihre Dokumentation gehört auch Ihr komplettes Aktionsmaterial, z. B. auch Werbebriefe.

Hauptpunkt 10 „Public Relations" wird ebenfalls nur erhoben und nicht gewichtet.

10.1 Wurde schon erfolgreich durchgeführt
10.2 Wurde durchgeführt, jedoch erfolglos
10.3 Wurde noch nie durchgeführt.

Hoffentlich besitzen Sie noch alle Belege. Falls nicht, notfalls über die Zeitungsarchive beschaffen.

Um Kommunikation zu betreiben, braucht man einen Etat. Über die Höhe eines solchen Etats für Werbung oder Verkaufsförderung wird noch im einzelnen zu sprechen sein. Hier geht es darum, festzustellen, ob Sie schon über einen festen Etatrahmen, d. h. einen festen Betrag für diese Maßnahmen, verfügt haben.

Hauptpunkt 11 „Etat" wird ebenfalls nicht gewichtet, sondern nur notiert.

11.1 Es besteht ein fester Etatrahmen pro Jahr (nur so kann planvoll Kommunikation betrieben werden. Wie hoch?).

11.2 Es wird gezahlt, was anfällt. Wieviel kam zusammen?

11.3 Kosten werden nicht geplant, aber regelmäßig kontrolliert (eine Notlösung, die aber wenigstens das Risiko zu großer oder zu kleiner Etats vermindert).

11.4 Es wird kein Geld aufgewendet.

Hauptpunkt 12 „Konzeption" soll ebenfalls feststellen, ob Sie in der Kommunikation bereits planvoll und systematisch gearbeitet haben. Die Unterteilung, die wiederum nicht gewichtet wird:

12.1 Einheitliche Konzeption in Gestaltung und Text wird durchgehalten. Welches sind die einheitlichen Konzeptionselemente?

12.2 Gestaltung und Text werden von Fall zu Fall entwickelt (aus Kostengründen und wegen richtiger Imagebildung ist eine einheitliche Konzeption besser).

12.3 Über Gestaltung und Text werden keine Gedanken gemacht (das Risiko von falscher Kommunikation ist groß).

Hauptpunkt 13 „Hilfskräfte" wird wiederum nicht gewichtet:

13.1 Fachkräfte von außen werden in Anspruch genommen (z. B. Werbeagentur, Grafiker, Texter, die relativ teuer, aber sehr nützlich sein können).

13.2 Es wird alles selbst gemacht (was der billigere, aber nicht immer der bessere Weg sein muß).

Hauptpunkt 14 „Hilfsmittel“ soll erfassen, ob Sie alle Werbe- und Verkaufsförderungsmittel selbst produzierten oder ob Sie sich auch vorliegender Mittel bedienten:

14.1 Fertige Werbemittel von Verbänden, der Industrie oder Zulieferanten werden verwendet (gute und preiswerte Werbemittel, die man jedoch individualisieren und auf den eigenen Betrieb beziehen sollte).

14.2 Werbemittel des Großhandels oder von Einkaufsgenossenschaften werden genutzt.

14.3 Fertige Werbemittel weiterer Lieferanten werden genutzt (z. B. Standardwerbemittel von Werbefirmen).

14.4 Fertige Werbemittel werden nicht genutzt.

Mit dem Ausfüllen dieser letzten Checklisten sind die Information und Analyse des eigenen Standpunktes durchgeführt.

4. Information und Analyse des Wettbewerbs

Im allgemeinen ist kein Betrieb in seinem Markt allein. Jeder Betrieb hat sich mit dem Wettbewerb anderer Betriebe auseinanderzusetzen, die gleiche Waren oder Dienstleistungen anbieten wie er. Der Kunde hat die Entscheidungsfreiheit zwischen den verschiedenen Angeboten und Betrieben und wird dort kaufen oder arbeiten lassen, wo er das Gefühl hat, die auf ihn am besten zutreffenden Leistungen zu finden.
Wenn es um die Gewinnung ertragreicher Aufträge geht, reicht es nicht mehr aus, nur Waren und Leistungen anzubieten, die im Rahmen des allgemein Üblichen liegen. Auf diese Weise würde es nicht gelingen, sich beim Kunden ein überdurchschnittliches Image zu verschaffen, das einen Vertrauensvorsprung gegenüber dem Wettbewerb aufbaut. Es ist also die Aufgabe eines jeden Betriebes, sich von seinem Wettbewerb zu differenzieren und sich mit Hilfe von besonderen Kommunikationsmaßnahmen bei seinem Kunden zu profilieren.

Ein guter Marketingplan muß daher auch die Maßnahmen des Wettbewerbs mit in Betracht ziehen. Alle Maßnahmen sind in Rela-

tion zu den Anstrengungen des Wettbewerbs zu bewerten, und zwar unter dem Gesichtspunkt, attraktiver, interessanter und leistungsfähiger als der Wettbewerb zu erscheinen.
Auf die Analyse des eigenen Standpunktes muß also die Analyse des Wettbewerbes folgen. Erst dann ist die Basis komplett, um einen optimalen Marketingplan erstellen zu können.

Je genauer man den Wettbewerber – dessen Stärken und Schwächen – kennt, um so exakter wird die Analyse sein, und um so besser ist ein funktionierender Marketingplan zu erarbeiten. Dabei ist es unbedingt notwendig, den Wettbewerb objektiv einzuschätzen. Dies ist keineswegs selbstverständlich, da z. B. aggressive Wettbewerber in ihrer Wirkung oft überschätzt, andererseits zurückhaltende Wettbewerber mit guten Maßnahmen in ihrer Wirkung oft unterschätzt werden. Für den marketingplanenden Unternehmer stellt sich daher die Aufgabe, sich von seinen subjektiven Einschätzungen zu befreien. Bei der Analyse muß man zunächst zwischen dem direkten und dem indirekten Wettbewerb unterscheiden.

Der direkte Wettbewerb

Unter direktem Wettbewerb verstehen wir direkt vergleichbare Handwerksbetriebe. Hierbei handelt es sich um Betriebe, die von ihrem Angebot (Ware oder Dienstleistung) her vergleichbare Leistungen dem Kunden anbieten. Direkter Wettbewerb können auch Handwerksbetriebe sein, die zwar ähnliche Angebote liefern, aber im Qualitäts-Niveau über oder unter dem eigenen Betrieb rangieren. Einige Beispiele sollen dies verdeutlichen:

- Für einen Elektroinstallations-Betrieb, der sowohl in der Industrie als auch in privaten Haushalten tätig ist, sind direkte Wettbewerber alle anderen Installationsbetriebe, die bei gleichen Zielgruppen (d. h. in diesem Falle Industrie und/oder private Haushalte) tätig sind. Das heißt, der direkte Wettbewerb besteht auch aus Handwerksbetrieben, die nur in dem einen oder anderen Bereich arbeiten. Es sind alles Firmen, die ihm Aufträge entziehen können.

- Ein Kfz-Betrieb dagegen, der ausschließlich eine Marke in einem begrenzten Gebiet vertritt, hat durch den Gebietsschutz und dadurch, daß er keine anderen Marken bearbeitet, keine direkten Wettbewerber.
- Für einen Fleischereibetrieb mit Ladengeschäften sind direkte Wettbewerber alle anderen Fleischereibetriebe im Umkreis, die hier ebenfalls Ladengeschäfte betreiben. Darüber hinaus sind direkte Wettbewerber auch z. B. Selbstbedienungsgeschäfte, die ihre Waren durch Großfleischereien erhalten.

Es zeigt sich also, daß die direkten Wettbewerber von Handwerksbereich zu Handwerksbereich außerordentlich abweichen können. Für die Analyse des eigenen direkten Wettbewerbs empfiehlt es sich daher, sich eine Liste der wichtigsten direkten Wettbewerber zusammenzustellen.

Welches sind also die Wettbewerber, die im gleichen Einzugsgebiet (bei einer Ladengeschäftskette auch mehrere Einzugsgebiete) vergleichbare Waren oder Dienstleistungen anbieten? Bei der Analyse des Wettbewerbs kann man sich auf die ca. fünf wichtigsten Wettbewerber beschränken. Wichtige Wettbewerber sind die, mit denen man häufig in Konkurrenz steht oder von denen man in der Zukunft eine stärkere Konkurrenz befürchten muß. Das sind meist Betriebe, die von der personellen oder angebotsmäßigen Ausrichtung her dem eigenen Betrieb stark ähneln.

Ist der Betrieb in mehreren Märkten tätig, d. h. bietet er nicht nur Waren aus einem Handwerksbereich, sondern aus mehreren Bereichen an, so ist jeder dieser Bereiche getrennt zu analysieren.

Der indirekte Wettbewerb

Unter indirektem Wettbewerb versteht man alle sonstigen Betriebe, die mit dem eigenen Betrieb konkurrieren, aber keine Handwerksbetriebe sind. Das sind also z. B. Betriebe, die zwar über Ladengeschäfte verkaufen, aber ihr Angebot über einen Großhandel beziehen und nicht selbst im Handwerksbetrieb produzieren. Für einen Malerbetrieb z. B., der in einem Ladengeschäft Do-it-yourself-Artikel anbietet, sind indirekter Wettbewerb Farbengeschäfte, Waren-

häuser und Supermärkte mit Farben- oder Tapetenabteilungen. Für einen Friseurbetrieb könnte z. B. ein sehr rühriges Perücken-Studio ein indirekter Wettbewerber sein. Für den Elektroinstallationsbetrieb sind es Baumärkte, die Do-it-yourselfer schulen oder ihnen gar einen Meister an die Seite stellen. Für den Kfz-Betrieb der private Verkäufer von Gebraucht- oder Jahreswagen. Für den Metzger auch die Fertiggericht-Hersteller usw.
Indirekte Wettbewerber sind vor allem im Bereich von Ladengeschäften, d. h. im Handel, gefährlich. Im Handel herrscht generell ein noch schärferer Wettbewerb, als das z. B. im Handwerksbereich der Fall ist. Handwerksbetrieben mit Ladengeschäften stehen als Konkurrenz oft ausgebildete Einzelhandelskaufleute gegenüber, deren Geschäftsführer in bezug auf Einzelhandelsmarketing geschult sind. Diese Art von Konkurrenz ist dem Handwerksbetrieb meist verkäuferisch überlegen. Auf der anderen Seite hat der Handwerksbetrieb oft die besseren Fachkenntnisse, kann den Kunden daher besser beraten und eher auf individuelle Wünsche eingehen.
In jedem Fall muß man sich damit vertraut machen, daß man sich ständig und ohne Unterbrechung für den Wettbewerb interessieren muß. Man muß dessen Maßnahmen kontrollieren und sich mit den eigenen Maßnahmen darauf einstellen.
Bei der Informationssammlung über die Konkurrenten der direkt vergleichbaren Handwerksbetriebe und der sonstigen Betriebe taucht gewiß eine Fülle von Problemen auf. Im Normalfall ist es nicht sehr wahrscheinlich, daß man genügend Informationen über den Wettbewerb besitzt, um zu einer objektiven Wettbewerbsanalyse kommen zu können. Mutmaßungen helfen nicht weiter, man benötigt eine objektive Basis mit möglichst genauen Fakten. Je richtiger und konkreter die Informationen sind, desto besser. Denn der Marketingplan soll auf eine sichere Grundlage gestellt werden, da alles andere hinausgeworfenes Geld und vergeudete Zeit wäre.

Informationsbeschaffung über den Wettbewerb

Hierfür gibt es drei Methoden mit unterschiedlichem Genauigkeitsgrad:

1. Einschätzung der realistischen Wahrscheinlichkeit
Um die Einschätzungen einigermaßen objektiv vornehmen zu können, braucht man umfangreiche Erfahrungen im eigenen Markt und muß sich über längere Zeit sehr detailliert über den Wettbewerb informiert haben. Dazu muß man viel Gefühl für Veränderungen auf dem Markt besitzen, d. h. diese frühzeitig erkannt haben. Es empfiehlt sich, bei dieser Methode zunächst stichwortartig eine Fülle von Material aus Fachkenntnissen und Eindrücken zu sammeln, bevor man sich an die Analyse des Wettbewerbs begibt. Diese Methode ist die ungenaueste, weil sie am meisten von der eigenen Person und am wenigsten vom neutralen Standpunkt ausgeht.

2. Sachliches Informationsmaterial
Hierzu gehört, daß man über längere Zeit alle möglichen sachlichen Informationen sammelt, also keine persönlichen Eindrücke. Dabei handelt es sich um Wirtschaftsinformationen aus Tageszeitungen, um Werbematerial, Material aus der Fachpresse, Informationen, die man von Dritten während Gesprächen oder Veranstaltungen erhält. Auch diese Methode bietet keine Gewähr für Genauigkeit. Sie liefert die Informationen nicht umfassend, sondern nur bruchstückhaft. Darüber hinaus besteht die Gefahr, daß die Informationen durch die Meinung Dritter (Journalisten, Kollegen) bereits verfälscht sind. Die Methode ist im allgemeinen jedoch günstiger als Methode 1 und reicht in den meisten Fällen aus.

3. Betriebsmarktforschung
Betriebsmarktforschung ist die beste, wirklich genaue und objektive Methode, um zu Informationen zu gelangen. Betriebsmarktforschung schließt persönliche Irrtümer aus, ist allerdings etwas zeitraubend und kostet unter Umständen Geld. Hierbei handelt es sich um sogenannte Primärforschung, d. h., man erhält Informationen aus erster Hand, die dadurch objektiv werden, daß eine Vielzahl von Personen befragt wird und dann die Durchschnittswerte gelten.
Nachstehend werden einige Methoden der Betriebsmarktforschung aufgeführt und erläutert, was speziell für Handwerksbetriebe geeignet ist. Ausgewählt wurden Methoden, die der Betriebsinhaber oder

einer seiner Mitarbeiter weitgehend selbst durchführen kann und die ohne extremen Zeit- und Kostenaufwand durchführbar sind.
Welche der Methoden für den eigenen Betrieb am besten geeignet ist, muß sorgfältig entschieden werden. Am besten ist es, alle Methoden genau zu prüfen und dann diejenige auszusuchen, die für das Wettbewerbsproblem am besten in Frage kommt. Die Methode „Test-Käufe“ gilt nur für Marktforschung in bezug auf Ladengeschäfte. Alle anderen sind für die Betriebsmarktforschung jeder Art von Betrieb geeignet.

4.1 Befragung der Konkurrenz und Betriebsvergleiche

Bei dieser Methode geht es darum, von den Wettbewerbern direkt Informationen zu erhalten. Hierzu ist es notwendig, eine Gesprächsmöglichkeit mit den Wettbewerbern zu suchen, die einem genügend Zeit läßt, um alle Punkte systematisch abfragen zu können. Je nachdem, wie gut man den Inhaber des Wettbewerb-Betriebes kennt, sollte man entweder sofort den Hintergrund der Befragung offenlegen und zum Austausch die entsprechenden Informationen aus dem eigenen Betrieb anbieten, oder man muß die Fragen gesprächsweise, also mehr versteckt, stellen.
Anhaltspunkt für die Fragen sind die Checklisten. Alle oder wenigstens die wichtigsten der aufgeführten Hauptpunkte sollten nach und nach durchgesprochen werden. Hierzu schreibt man sich die Frage am besten aus der Checkliste heraus auf eine Art Fragebogen. Erst wenn man genügend Konkurrenten befragt hat (mindestens fünf), kann man die Ergebnisse auswerten. Es interessieren die Durchschnittsergebnisse aller fünf wichtigen Wettbewerber gemeinsam.
Leider funktioniert die direkte Befragung oft gerade bei wichtigen Konkurrenten nicht. In diesem Falle muß man versuchen, die Wettbewerber in ein längeres Gespräch zu verwickeln, z. B. anläßlich einer Innungsversammlung, in welchem man über die Lage im Markt im allgemeinen zu sprechen kommt. Angeregt durch Beispiele

aus dem eigenen Betrieb, wird der Wettbewerber dazu tendieren, seine Meinung ebenfalls mit Beispielen klarzumachen.
Ist es nicht möglich, die einzelnen Hauptpunkte im Detail durchzusprechen, weil dies zuviel Zeit erfordern würde, so sollte man versuchen, wenigstens jedes der fünf Marketinginstrumente im allgemeinen zu diskutieren.
Betriebsvergleiche bieten die Landesverbände an.

4.2 Befragung von Personen, die mit Wettbewerbern Kontakt haben

Befragt werden mindestens zehn Personen, von denen man erwarten kann, daß sie die Wettbewerber kennen und einen einigermaßen objektiven Standpunkt einnehmen. Dies können sein:

- Handelsvertreter
- Großhändler
- andere Kollegen
- ehemalige Mitarbeiter der Wettbewerber.

Hier wird vorgegangen wie Methode 1, d. h., die Hauptpunkte der Checkliste werden detailliert abgefragt, mindestens aber die fünf Marketinginstrumente.
Es ist wichtig, sich die Ergebnisse der Befragungen sofort zu notieren. Die Details geraten sonst zu schnell in Vergessenheit. Die Auswertung erfolgt ebenfalls erst, wenn alle Interviews fertig vorliegen. Es interessiert wiederum der Durchschnittswert für alle fünf Wettbewerber.

4.3 Interviews durch Spezialisten

Die Befragung kann auch durch spezielle Institute durchgeführt werden:

- Marktforschungsinstitut
- Werbeagenturen
- Werbeberater

Diese Methode hat den Vorteil, daß die Befragungen absolut professionell durchgeführt werden. Die Befrager erhalten oft sehr viel ausführlichere Auskünfte, da sie als Abgesandte eines neutralen Institutes zu Ihrem Wettbewerber kommen. Vorteilhaft ist auch, daß Sie Ihre kostbare Zeit nicht einsetzen müssen. Leider ist diese Methode teuer. Interviews kosten Geld, vor allem, wenn so schwierige Themen abgefragt werden müssen.
Adressen der Spezialisten finden Sie im Telefonbuch oder im Branchenverzeichnis. Die Spezialisten arbeiten die Fragebögen aufgrund der Checklisten selbst aus.

4.4 Fragebogenaktion bei Kunden

Befragt werden Kunden, auf die man sich verlassen kann und die schon Erfahrungen bei den notierten Wettbewerbern gemacht haben. Zu jeder der Wettbewerbsfirmen sollten wenigstens fünf Personen befragt werden. Sonst besteht die Gefahr, ein zu subjektives Bild zu bekommen.
Der Fragebogen läßt sich problemlos aufgrund der Checklisten formulieren. Allerdings sollten Sie auch hier nicht zu sehr ins Detail gehen, sondern lediglich die Hauptpunkte abfragen. Geben Sie dem Befragten vor, für welche Ihrer Wettbewerbsfirmen er Auskunft geben soll. Sie können die Befragungen schriftlich oder auch mündlich durchführen.
Die Fragen sollten so formuliert sein, daß es dem Kunden nicht schwerfällt, sie zu beantworten. Da Ihr Kunde nicht Fachmann in der Materie ist wie Sie, sollten sie evtl. durch Beispiele erläutert werden. Am günstigsten ist es, die Fragen so zu formulieren, daß der Kunde nur ankreuzen muß, ob der Punkt für die befragte Firma zutrifft oder nicht:

- Trifft zu
- Trifft bedingt zu
- Trifft nicht zu.

Die Frageformulierung zum Punkt „Angebot“ könnte z. B. wie folgt aussehen:
„Ich möchte Ihnen zuerst einige Fragen stellen, aus denen sich das Angebot der Konkurrenz ergibt. Mit dem Angebot meine ich die Leistungen, die Ihnen als Kunden geboten werden. Die Art der Arbeiten, mit denen sich auch meine Konkurrenz beschäftigt. Bitte sagen Sie mir bei jedem Punkt, ob er für die Firma XY zutrifft, nur zum Teil und unter Vorbehalt zutrifft oder überhaupt nicht zutrifft. Bitte sagen Sie mir, wenn ein Punkt unverständlich formuliert ist. Ich möchte dann versuchen, ihn zu erklären. Bitte antworten Sie ganz offen. Ich versichere Ihnen, daß ich Ihre Antworten streng vertraulich behandele.“
Kann Ihr Kunde mal nicht antworten, so lassen Sie den Punkt frei.
Wenn Sie alle Interviews durchgeführt haben, können die Ergebnisse ausgewertet werden. Die Antworten werden in eine weitere Kopie der Checkliste übertragen, so daß man nun das Gesamtergebnis überblicken kann. Als verbindliches Durchschnittsergebnis gelten die Antworten, die am häufigsten auftauchen. Auch hier interessiert also das Durchschnittsergebnis aller Interviews zu allen Wettbewerbern.
Bei Befragungen für Ladengeschäfte ist es besser, die Passanten statt der Kunden zu interviewen. Gerade die Meinung der Nicht-Käufer kann interessante Aufschlüsse geben.

4.5 Testkäufe

Im Einzelhandel sind Testkäufe eine gute Marktforschungsmethode. Es handelt sich hier um ein professionelles Marktforschungsinstrument, das ganz einfach zu handhaben ist. Die Methode kann problemlos von Ihnen oder einem Ihrer Mitarbeiter durchgeführt werden.
Jemand, der nicht als Betriebsangehöriger Ihres Betriebes bekannt ist, geht in die Geschäfte der Konkurrenten und gibt sich als normaler Kunde aus. Er kauft dort ein paar Kleinigkeiten oder tut so, als ob er sich erst informieren wolle. Es muß dabei darauf geachtet

werden, daß keine Fragen gestellt werden, an denen man sofort den Fachmann erkennt. Der Käufer sollte sich ahnungslos und laienhaft wie ein normaler Kunde verhalten.

Während des Kaufes wird auf folgende Punkte geachtet:

- Welche Warengruppen werden im Geschäft oder in der vergleichbaren Abteilung geführt, die Sie nicht in Ihrem Sortiment haben?
- Welche großen, in der breiten Öffentlichkeit bekannten Marken werden geführt? Welche davon führen Sie?
- Ist das Sortiment insgesamt breiter oder enger als Ihr Sortiment, und wo liegen die wichtigsten Unterschiede?
- Welche Sonderangebote gibt es zu welchen Preisen?
- Wie sind die Preise vergleichbarer Produkte?
- Werden Konditionen geboten? Welche?
- Wie ist das Verkaufspersonal geschult in bezug auf Sachkenntnis, Freundlichkeit und Höflichkeit, Aktivität oder Zurückhaltung?
- Welche Serviceleistungen werden angeboten?
- Welche Verkaufsförderungsmittel werden verwendet?
- Wie ist die Ware präsentiert? Großzügig und übersichtlich? Elegant, praktisch oder spießig? In Selbstbedienungsregalen? Dekoriert oder einfach „hingestellt“?
- Wie ist die Atmosphäre im Verkaufsraum insgesamt? Angenehm oder beklemmend? Ruhig oder hektisch?

Füllen Sie diese Liste für jeden Konkurrenten aus, bei dem Sie Scheinkäufe durchführen. Übertragen Sie dann die durchschnittlichen Ergebnisse in Ihre Checkliste.

Sind die Checklisten für die direkt vergleichbaren Handwerksbetriebe und für die sonstigen Betriebe ausgefüllt, so kann die Wettbewerbsanalyse als beendet betrachtet werden. Hiermit ist die Basis für die Marketingplanung geschaffen.

5. Marketingziele und -strategie

Wenn mit der Analyse des eigenen Standpunktes und der Analyse des Wettbewerbs festgestellt wurde, wo der Betrieb im Markt steht, welche Position er im Verhältnis zu seinen Wettbewerbern besitzt, kann auf dieser soliden Informationsbasis das zukünftige Marketing geplant werden. In dieser Planungsphase werden die Ziele eines Handwerksbetriebes festgelegt. Es wird entschieden, welche Wege beschritten werden sollen, um die Ziele zu erreichen.

Was soll an Dienstleistungen und Waren angeboten werden? Welche Services will man liefern? Welche Preis- und Konditionspolitik soll verfolgt werden? Wie sollen diese Leistungen und Waren vertrieben werden?

Und die entscheidende Frage: Wer soll als Kunde angesprochen werden und auf welchen Wegen?

Im Verlauf dieses Kapitels wird Schritt für Schritt ein systematischer und realistischer Marketingplan aufgebaut, der der Praxis eines Handwerksbetriebes angepaßt ist.

Grundsätzlich sind sieben Planungsbereiche zu berücksichtigen:

1. Zeitraum
2. Kosten
3. Geplantes Gesamtvolumen
4. Detailziele
5. Gewichtung
6. Vorgehensdynamik
7. Zielgruppe
8. Vorgehensweise = Taktischer Marketingplan (Kapitel 7).

5.1 Zeitraum

Der Zeitraum für den Marketingplan soll längerfristig angelegt sein. Wie lang er ist, richtet sich nach der Art des Projektes, das geplant wird. Will z. B. ein Handwerksbetrieb mit Ladengeschäften eine neue Filiale einrichten oder z. B. ein Kfz-Betrieb Karosseriebau als neuen Angebotsbereich dem bisherigen Unternehmen anschließen, so sollte die Planung für einen längeren Zeitraum gelten. Große Projekte dieser Art benötigen eine geraume Zeitspanne für die Vorbereitungen und einen längeren Beobachtungszeitraum, um den Erfolg der Maßnahmen genau überprüfen zu können. Kleine Vorhaben, z. B. Ausweitung des Angebotsprogrammes auf einen naheliegenden Bereich, benötigen einen kürzeren Beobachtungszeitraum.

Andererseits ist es nicht sinnvoll, den Zeitraum des Marketingplanes zu lang anzusetzen. Sonst besteht die Gefahr, daß im Verlauf der Durchführung des Marketing viele Faktoren auftreten, die bei der Planung noch nicht abzusehen waren und die dann eine mehrmalige Änderung des Planes notwendig machen.

Sinn des Marketingplanes ist es, realistische Arbeitsgrundlagen zu liefern. Ein guter Marketingplan sollte deshalb nach Möglichkeit eingehalten werden. Es müssen alle Anstrengungen unternommen werden, die Marketingziele innerhalb des festgelegten Zeitraumes zu erreichen.

Auch bei gründlicher Vorinformation kann es vorkommen, daß im Verlaufe der Marketingdurchführung schwerwiegende Veränderungen eintreten, die man nicht berücksichtigt hatte. Dies ist z. B. der Fall, wenn ein neuer, großer Wettbewerber in dem eigenen Einzugsbereich auftritt. Also z. B., wenn ein großer Anbieter des Nachbargebietes in der eigenen, unmittelbaren Nachbarschaft eine Filiale einrichtet.

In schwerwiegenden Fällen dieser Art muß der Marketingplan an die Realität angepaßt werden. Der Plan muß verändert werden, die Marketingziele sind zu korrigieren.

Zusammenfassend sei also festgestellt: Alle Bemühungen müssen darauf ausgerichtet sein, den Marketingplan einzuhalten. Bei schwerwiegenden Veränderungen, die nicht beeinflußt werden können, ist der Plan den Gegebenheiten anzupassen.

Der Zeitraum für den Marketingplan muß individuell von Unternehmen zu Unternehmen, je nach den Marketingvorhaben, festgelegt werden. Wir möchten jedoch einige Anhaltspunkte geben.
Für kleine Vorhaben und für die laufende Arbeit, bei der keine entscheidenden neuen Vorhaben geplant sind, ist ein Zeitraum von einem Jahr sinnvoll. Bei großen Neuerungen und Veränderungen empfiehlt sich ein Zeitraum von max. drei Jahren.
Um die Detailziele besser planen zu können, wird der Zeitraum in Monate umgerechnet. Es empfiehlt sich, sich eine Tafel anzulegen, auf der die Marketingschritte aufgelistet sind und die Termine für ihren Beginn und ihr Ende festgelegt werden. Schließlich ist noch festzuhalten, wann mit der Durchführung des Marketingplanes begonnen werden soll.

Der zeitliche Aufbau eines Marketingplanes:

- Planungszeitraum (in Wochen oder Monaten)
- Beginn der Durchführung (Datum)
- Auflistung der verschiedenen Marketingschritte (Datum des Beginns und des Endes)
- Erfolgskontrolle des Marketingplanes (Enddatum des Planungszeitraumes)
- Planungszeitraum für nachfolgenden Marketingplan.

5.2 Kosten

Auch wenn nicht gerade eine neue Filiale eingerichtet werden soll, werden einige der Marketingvorhaben Kosten bringen, die bisher nicht angefallen sind oder die nicht in dieser exakten Weise festgehalten wurden. Solche Kosten können z. B. entstehen für Werbung, Schulung von Mitarbeitern, Neugeschäftsakquisition usw.
Im Rahmen der Marketingstrategie werden die Detailkosten noch nicht exakt berechnet, sondern es wird der globale Kostenrahmen festgesetzt. Die Detailkosten werden erst bei der taktischen Planung

genau zu fixieren sein. In diesem Stadium geht es darum, bei der Festlegung der Marketingziele realistisch zu bleiben und nicht Ziele zu planen, die man sich dann nicht leisten kann.
Auf der anderen Seite sollte man in der Planungsphase nicht zu kleinlich kalkulieren. Es besteht sonst die Gefahr, schon in diesem Stadium an der falschen Stelle zu sparen. Sollte man später, bei der taktischen Planung, feststellen, daß man sich kostenmäßig übernommen hat, so können die Ziele immer noch ein wenig reduziert werden. Das Korrigieren der Ziele zu einem späteren Zeitpunkt ist einfacher, als dann festzustellen, daß man im Grunde zuwenig geplant hatte und noch Mittel zur Verfügung stehen.
Es würde zu Stückwerk und Provisorien führen, wollte man diese überzähligen Beträge dann noch unterbringen. Provisorien aber gehören nicht in planvolle Marketingmaßnahmen. Es empfiehlt sich also hier, vernünftig, aber zunächst noch großzügig zu denken.

Es werden an dieser Stelle die sich aufgrund der Checkliste ergebenden Maßnahmen hinsichtlich der für Marketing anfallenden Kosten aufgelistet und die geschätzten oder möglichen Beträge eingesetzt.

5.3 Geplantes Gesamtvolumen und Gewinnplanung

In diesem Absatz geht es darum, festzuhalten, wieviel Umsatz z. Z. mit welchen Dienstleistungen oder Waren getätigt wird.
Listen Sie aufgrund der Checkliste „Art des Angebotes" alle Bereiche auf, mit denen Sie Ihren Umsatz machen.

1.1	Übliche Handwerksarbeiten der Branche	.... DM
1.2	Arbeiten als Nachunternehmer	.... DM
1.3	Spezielle Handwerksarbeiten Ihrer Branche	.... DM
1.4	Arbeiten aus anderen Gewerbebereichen	.... DM
1.5	Verleih oder Vermietung von Sachwerten oder Personal	.... DM

1.6	Arbeiten als Berater		.... DM
1.7	Vertretungen der Industrie		.... DM
1.8	Warenangebote, die nicht im eigenen Betrieb erstellt werden		.... DM
1.9	Nachfolgearbeiten		.... DM
1.10	Sonstiges		.... DM

(Vergleiche Analyse des eigenen Standpunktes)

Stellen Sie nun fest, wie groß die Gewinnspannen für die aufgelisteten Bereiche waren. Falls die Gewinnspannen nicht für alle Angebotsbereiche gleich waren, so sollten Sie noch einmal die Art der Angebote für die Gewinne auflisten.

1.1	Übliche Handwerksarbeiten der Branche	.... %	.... DM
1.2	Arbeiten als Nachunternehmer	.... %	.... DM

usw.

Als nächstes ist festzustellen, wie viele Aufträge für jede Angebotsart durchgeführt wurden. Die Aufträge, die Sie für die vorhergenannten Fragen bereits sortiert haben, sollen hier einfach durchgezählt werden.

Errechnen Sie nun, wieviel Umsatz Sie durchschnittlich pro Auftrag getätigt haben. Sie erreichen also für jede Angebotsart: den Umsatz der Angebotsart geteilt durch die Zahl der Aufträge in diesem Bereich.

Errechnen Sie nun den durchschnittlichen Gewinn pro Auftrag in jeder Rubrik. Sie erkennen nun, daß Sie in den verschiedenen Angebotsbereichen erheblich abweichende Durchschnittsumsätze und Durchschnittsgewinne erzielt haben.

Im nächsten Schritt wird festgelegt, wieviel sich der Umsatz pro Bereich gegenüber dem vergangenen Beobachtungszeitraum erhöhen soll.

Art des Angebotes	1. Jahr %	1. Jahr DM	2. Jahr %	2. Jahr DM
1.1 Übliche Handwerksarbeiten der Branche				
1.2 Arbeiten als Nachunternehmer				
usw.				

Wie groß soll die Gewinnspanne sein?

Art des Angebotes	1. Jahr %	1. Jahr DM	2. Jahr %	2. Jahr DM
1.1 Übliche Handwerksarbeiten der Branche				
1.2 Arbeiten als Nachunternehmer				
usw.				

Soll sich die Zahl der Aufträge erhöhen?

Ja .... um wie viele Aufträge .... % .... DM Nein ....

Soll sich der durchschnittliche Gewinn pro Auftrag erhöhen?

Ja .... um wieviel .... % .... DM Nein ....

Keinesfalls dürfen Sie sich jetzt von einem Wunschdenken verleiten lassen. Bleiben Sie unbedingt realistisch, sonst werden Sie Ihren Marketingplan nie erfüllen können.

5.4 Detailziele

In den ausgefüllten Checklisten 1 bis 5 werden jetzt zunächst unter der Rubrik „eigener Betrieb, Zielsetzung“ die Spalten + und – ausgefüllt. + wird angekreuzt, wenn dieser Punkt in der Zukunft in bisheriger Größe zutreffen soll oder wenn er in der Zukunft mehr Bedeutung hat als in der Vergangenheit, bzw. wenn dieser Punkt in

der Vergangenheit nicht zutraf und in Zukunft Gültigkeit besitzen soll.
Bei – wird der Punkt der Checkliste angekreuzt, wenn er bisher Gültigkeit besaß, aber seine Bedeutung in Zukunft nachlassen soll bzw. dieser Punkt überhaupt gestrichen werden soll. Weder bei + noch bei – wird angekreuzt, wenn dieser Punkt bisher nicht zutraf und auch in Zukunft nicht gelten soll.
Bei der Entscheidung für oder gegen bestimmte Detailziele muß unbedingt auch der bereits festgelegte Zeitraum für die Marketingstrategie berücksichtigt werden. Zu beachten sind außerdem die evtl. anfallenden Kosten und die Zielsetzungen in bezug auf Umsatzvolumen und Gewinne. Darüber hinaus können noch andere Aspekte zu der Entscheidung beitragen, z. B. die Erhaltung von Arbeitsplätzen oder die Verbesserung des Betriebsklimas.
Die Festlegung der Detailziele sollte nicht spontan, sondern aufgrund sorgfältiger Überlegungen vorgenommen werden. Das Ausfüllen dieser Spalten der Checklisten ist für die gesamte Weiterarbeit entscheidend und muß entsprechend sorgfältig durchgeführt werden.

5.5 Gewichtung

Basis sind auch hier die ausgefüllten Checklisten 1 bis 5. In diesem Schritt der Marketingplan geht es darum, nicht nur festzulegen, wo Veränderungen gegenüber der Vergangenheit vorgenommen werden sollen, sondern die Bedeutung, die Wichtigkeit dieser Veränderungen festzustellen.
Hierzu dient die Rubrik „eigener Betrieb, Zielsetzung" mit der Spalte „Gewichtung %". Die Bedeutung der Veränderungen, Neuerungen usw., die zuvor bei + oder – grundsätzlich entschieden wurden, werden nun anhand von Prozentzahlen festgestellt.
Jeder Punkt wird einzeln mit der bereits bei der Analyse des eigenen Standpunktes ausgefüllten Gewichtung verglichen, dann werden die

Beispiel für die Handhabung der Gewichtung von Marketingzielen

Leistungsbeschreibung	Anmerkungen	Eigener Betrieb		Wettbewerb		Eigener Betrieb		Zielsetzung	
		ja	Gewichtung %	direkt vergleichbare Handwerksbetriebe	sonstige Betriebe	+	–	Gewichtung %	Differenz
1. Art des Angebotes									
1.1 übliche Arbeiten			72				×	60	– 12
1.2 Nachunternehmerarbeiten			14			×		14	± 0
1.3 spezielle Arbeiten			4			×		7	+ 3
1.4 Arbeiten aus anderen Gewerbebereichen			6				×	2	– 4
1.6 Arbeiten als Berater			1			×		2	+ 1
1.8 Warenangebote nicht aus eigenem Betrieb			0			×		10	+ 10
1.9 Nachfolgearbeiten			3			×		5	+ 2
			100					100	

neuen Gewichtungsprozentsätze eingetragen. In der neuen Gewichtungstabelle muß die Summe der Prozentanteile der Unterpunkte für jeden Hauptpunkt wieder 100 Prozent ergeben.
Das vorstehende Beispiel zeigt deutlich, wie Gewichtungen und Prozentsätze zu handhaben sind. Das Beispiel zeigt auch das Ausfüllen der letzten Spalte „Differenz“, in der lediglich der Unterschied zwischen den alten und den neuen Prozentsätzen festgehalten wird. Je höher die Zahlen sowohl im + - als auch im – -Bereich, desto wichtiger ist es, hier etwas zu unternehmen. Die höchsten Differenzen benötigen die meisten Arbeiten in der Marketing-Durchführung.

5.6 Vorgehensdynamik

Als nächstes ist zu entscheiden, wie groß bzw. in welcher Weise zeitlich gestaffelt die Schritte sein sollen, in denen die Marketingziele erreicht werden müssen. Diese zeitliche Staffelung braucht nicht von Punkt zu Punkt einzeln entschieden zu werden. Es reicht aus, wenn der Komplex eines jeweiligen Marketinginstrumentes als Gesamtheit betrachtet wird.
Kreuzen Sie die Form an, die Sie für Ihren Betrieb richtig finden und die der eigenen Durchsetzungsfähigkeit entspricht. Ein Beispiel für diese Übersicht auf Seite 108.

5.7 Zielgruppe

Aus der Checkliste 5 „Kommunikation“ ergeben sich die quantitativen Merkmale der Zielgruppe. Will man sich einen Übersichtsplan machen, so reicht es aus, hier die wesentlichen Kriterien in bezug auf die demografischen Merkmale zu notieren: also z. B. Alter, Einkommen, soziale Schicht, Haushaltsgrößen usw.

Auch über die psychologischen Merkmale von verschiedenen Zielgruppen in bezug auf das Wohnen und Einrichten wurde bereits

Vorgehensdynamik

	Angebot	Preise und Konditionen	Service	Vertrieb	Kommunikation
Vorgehen in kleineren regelmäßigen Teilschritten					
Gesamtvorhaben sofort in die Tat umsetzen					
Vorgehen erst in kleinen, dann in immer größeren Schritten					
Vorgehen erst in großen, dann in immer kleineren Schritten					

berichtet (siehe Seiten 24, 32 – 34). Bei der Werbung, im Verkaufsgespräch, in der Beratung, bei der Angebotsabgabe und bei Zusatzverkäufen ist es unbedingt wichtig, sich auf diese psychologischen Kriterien einzustellen. Es ist selbstverständlich, daß man jemandem, der grundsätzlich Neuheiten kauft, nicht das Argument Tradition anbieten kann, und daß jemand, der gesundheitsbewußt ist, mit Argumenten aus dem Bereich Prestige nichts anfangen kann.

Wie erreichen Sie Ihre Zielgruppe?

Die Adressen *juristischer Personen* zu beschaffen, ist nicht besonders schwierig. Die meisten Firmen, Gesellschaften, Ämter sind als Kunden bekannt und in der Kartei eines Betriebes bereits enthalten. Wenn nicht, so ist es einfach, sie aus entsprechenden Behördenlisten, Listen der Industrie- und Handelskammern, der Verbände und der Branchenadreßbücher herauszufinden.
Wie hingegen beschafft man sich Adressen von *Privatpersonen?* Hierfür gibt es verschiedene Methoden, die Ihnen einige Anregungen geben sollen.
Ohne *Adreßbuch* der Gemeinde geht es nicht. Das Adreßbuch ist unentbehrlich. In ihm findet man außer Namen und Adressen auch Berufe und Telefonnummern. Das Adreßbuch ist bei allen nachstehend aufgeführten Methoden ein gutes Ergänzungsmittel.
Adressenlisten kann man sowohl über Behörden wie über Adressenverlage beziehen. Adressenverlage gibt es in jeder Stadt, entsprechende Anschriften sind im Branchenfernsprechbuch zu finden. Oft sind Adressenlisten nicht ganz aktuell, es ist üblich, einen Rücklauf von Fehlstreuungen von ca. 5 Prozent zu akzeptieren. Werden die Listen über Adressenverlage gekauft, so müssen die Verlage bei mehr als 5 Prozent Fehlstreuung die Differenzbeträge zurückerstatten.
Mitunter sind Adressen auch durch die Datenschutzgesetzgebung gesperrt, so z. B. Hausbesitzeradressen. Adressen dieser Art sind meist völlig veraltet, da sie aus der Zeit vor dem Gesetz stammen.

Da Sie bei allen diesen Adressen nicht definitiv wissen, ob der Betreffende Bedarf an Ihrer Arbeitsleistung oder Ihrer Ware hat, müssen Sie einen gewissen Streuverlust in Kauf nehmen. Das heißt, eine Reihe der Personen ist an Ihrem Betrieb zur Zeit nicht interessiert. Solche Streuverluste lassen sich leider nicht ausschließen.

„Kunden vermitteln Kunden" könnte der Titel einer Aktion sein, mit der Sie bestehende, zufriedene Kunden dazu auffordern, Ihnen mögliche zukünftige Kunden zu nennen. Bei größeren Projekten lohnt es sich, eine Prämie für jede erfolgreich vermittelte Adresse auszusetzen. Ähnlich akquirieren z. B. auch die Verlage im Bereich von Abonnenten. Die Prämie kann in Geld oder Sachwerten bestehen. Der Anreiz darf nicht zu klein sein, muß aber prozentual in einem vernünftigen Verhältnis zu dem gewonnenen Auftrag stehen. Eine solche Aktion wäre auch als Preisausschreiben denkbar.
Beispiel für einen Aktionsablauf „Kunden gewinnen Kunden":
Die Aktion beginnt mit einem Werbebrief an alle in Frage kommenden Adressaten. Der Werbebrief fordert in sympathischer Weise auf, sich an der Aktion zu beteiligen. Die beiliegenden Ausschreibungsbedingungen geben Aufschluß über Abwicklung der Aktion und die zu erwartenden Prämien. Der Brief enthält eine Antwortkarte, die den Beteiligten die eigene Leistung auf ein Minimum herabsetzt.
Dem ersten Brief folgt nach zwei bis drei Wochen ein Nachfaßbrief an alle Adressaten, die nicht spontan reagiert haben. Auch hier liegen Ausschreibungsbedingungen und Antwortkarte noch einmal bei. Falls die Resonanz noch nicht den Vorstellungen entspricht, so kann die Aktion nach etwa einem halben Jahr noch einmal wiederholt werden.
Über die erste Aktion hinaus gibt es eine nachfolgende, kontinuierliche Aktion. Alle später gewonnenen Kunden können sich ebenfalls beteiligen. Diese Nachfolgeaktion besteht wiederum aus einem Werbebrief mit Ausschreibungsbedingungen und Antwortkarte.
Es ist zu überlegen, ob man den vermittelnden Kunden auch im Nichterfolgsfall informiert. Der Kunde wartet dann nicht vergebens auf seine Prämie und kommt nicht auf den Gedanken, evtl. übervor-

teilt zu sein. Andererseits kann er vielleicht bei dem möglichen Neukunden selbst noch einmal nachfassen.

Es ergibt sich folgender Werbemittelbedarf:

1. Aussendung Erst-Aktion –
   Brief
   Bedingungen
   Karte

2. Nachfassen Erst-Aktion –
   Nachfaßbrief
   Bedingungen wie 1.
   Karte wie 1.

3. Kontinuierliche Aussendungen –
   Brief
   Bedingungen wie 1.
   Karte wie 1.
   Nachfaßbrief wie 2.

4. Punkte-Schecks

Prämien
Die Prämien sollten je nach Auftragshöhe gestaffelt werden. Der Wert der Prämie errechnet sich aus einem vernünftigen Prozentanteil von der Auftragssumme, wobei Kategorien geschaffen werden sollten. Damit kein Einblick in Rechnungen gewährt werden muß, empfiehlt sich ein Punktesystem mit Beschreibung des Auftragsvolumens. Die Staffelung wird sich von Branche zu Branche sehr unterscheiden.
Für jede Punktekategorie sind mehrere Sachpreise auszusetzen, unter denen der Vermittler wählen kann. Hat er mehrere erfolgreiche Aufträge vermittelt, so kann er die Punkte addieren. Er erhält von dem Handwerksbetrieb Punkte-Schecks, die er gemäß den Ausschreibungsbedingungen einlösen kann.

Punkte-Kategorien – Beispiel

Kleinstaufträge können nicht prämiiert werden.

Art des Auftrages	Prämien-wert*	Zahl der Punkte	Anregungen für Sachpreise
a) Klein-aufträge	20 DM bis 30 DM	50	Shell-Autoatlas, Fön, Transistorradio, Barbesteck, Autofeuerlöscher, Reisewecker, Küchenwaage, Wilhelm-Busch-Album etc.
b) Mittel-aufträge	ca. 120 DM	200	Pocket-Kamera, Safaristuhl, Pub-Spiegel, 2 Kisten (12 Flaschen) guten Sekt, Back-Gammon-Spiel, Kassettenrecorder, Kinderfahrrad, Werkzeugkasten, Bohrmaschine, Grillautomat etc.
c) Groß-aufträge	ca. 250 DM	500	Perlenkette, Markenuhr, tragbarer Schwarzweiß-Fernsehen, Lederaktenkoffer, echte Kamelhaardecke, Schaukelstuhl, Tischtennisplatte, Klappfahrrad, Heimtrainer etc.
d) Größt-aufträge	ca. 600 DM	1200	Wochenendreise nach London, Elektroherd, Tiefgefrierschrank, Kettchen mit Diamantanhänger, teure Markenuhr, echte Orientbrücke, hochwertige Ski, Videokamera etc.

* Einkaufspreise im Großhandel

Außerdem zu beachten:
Alle Preise müssen genau mit Marke, Typ etc. angegeben werden, damit sich der Gewinner ein Bild von den Preisen machen kann. Empfehlenswert wären kleine Zeichnungen zur Illustration der Preise.
Die Prämien müssen auf jeden Fall auch wirklich (gegen Quittung) ausgehändigt werden. Sonst ist großer juristischer Ärger zu erwarten.
Die Punkte-Schecks müssen Wertpapier-Charakter haben. Jeder Scheck muß einzeln von Ihnen abgestempelt und abgezeichnet werden, damit keine Fälschungen provoziert werden.
Alle Werbemittel müssen Ihren Briefkopf und Ihre genaue Adresse tragen. Finden Sie ein übergeordnetes Motto, mit dem Sie alle Werbemittel in der ersten Zeile bereits klar erkennbar machen.

Beispiel für Ausschreibungsbedingungen

Aktion:
Kunden gewinnen mit Kunden
Gewinn-Aktion für Kunden der Firma XY

Teilnehmen kann jeder Kunde der Firma XY, ganz gleich, ob er immer wieder und ausschließlich mit uns zusammengearbeitet hat oder ob wir nur gelegentlich einmal einen Auftrag für ihn ausgeführt haben. Ausgeschlossen sind Mitarbeiter der Firma XY und deren Angehörige.

Die Aufgabe ist wirklich einfach. Sie empfehlen unsere Firma an Bekannte und Freunde, die Modernisierungs- oder Renovierungspläne haben. Und Sie nennen uns die betreffende Adresse, damit wir den Kontakt aufnehmen können.
Wir treten an die von Ihnen vermittelte Adresse mit aller Seriosität heran. Dabei wahren wir selbstverständlich alle üblichen Geschäftsgepflogenheiten. Wir möchten uns nur gern auf Ihren Namen beziehen dürfen.

Gewinne gibt es für jeden erfolgreichen Auftragsabschluß, auch wenn dieser erst nach vielen Monaten zustande kommt.
Die Höhe der Prämien ist gestaffelt und richtet sich nach der Größe des Auftrages. Hierfür gibt es Punkte. Bei mehreren vermittelten Aufträgen können die Punkte zusammengezählt werden. Für jeden Auftrag erhält der vermittelnde Kunde einen Punkte-Scheck, der ihn zum Gewinn berechtigt. Der Scheck muß innerhalb von zwei Monaten (Datum auf dem Scheck) eingelöst werden. Die Punkte-Schecks werden sofort nach Auftragsabschluß übersendet und können gleich eingelöst werden.

Und das können Sie gewinnen:

.... (auflisten)
Wir können hier nicht alle Auftragsmöglichkeiten aufführen. Wenn Sie nicht sicher sind, in welche Kategorie der von ihnen vermittelte Auftrag gehört, geben wir Ihnen jederzeit im voraus Auskunft.
Rechtswege sind ausgeschlossen. Mit der Teilnahme an der Aktion (durch Vermittlung einer Adresse) werden die Ausschreibungsbedingungen anerkannt.

Wenn Sie die Adressen – woher sie auch immer kommen mögen – bearbeiten, so vergessen Sie dabei die festgelegte Zielgruppe und die Marketingzielsetzung nicht. Es müssen alle Adressen angesprochen werden, jedoch können interessante Anfragen, die in der Zielrichtung am günstigsten liegen, mit Vorrang behandelt werden.

6. Taktische Planung des Marketing

Ziel jeder Marketingplanung ist eine ausgeglichene Kapazitätsauslastung. Auch wenn die Kapazität insgesamt vergrößert oder verkleinert werden soll, so geht es letztlich darum, eine gleichmäßige Beschäftigung des Betriebes über das ganze Jahr zu gewährleisten.

Personal und Arbeitsmittel sollen so eingesetzt werden, daß sie optimal genutzt werden, damit die hierfür notwendigen Investitionen vernünftige Gewinne erbringen.
Die taktische Planung des Marketing beschäftigt sich mit der praktischen Umsetzung. Was muß im Betrieb konkret getan und bedacht werden, wenn das Marketing in die Tat umgesetzt werden soll? Mit Hilfe von Anregungen und Anleitungen in diesem und den folgenden Kapiteln wird es den Betriebsinhabern möglich sein, konkrete Arbeitspläne für alle Veränderungen zu erstellen, die sich aufgrund der Marketingplanung ergeben.
Wichtigstes Arbeitsmittel hierzu sind die bereits ausgefüllten Checklisten. Basis ist die bereits erarbeitete Marketingstrategie (siehe Seiten 99 – 109). Liegen Checklisten und Strategie vor, so wird Punkt für Punkt überprüft, welche Veränderungen geplant sind und welche Maßnahmen durchgeführt werden müssen, um die geplanten Veränderungen zu erreichen.
Der nachstehende Fragenkatalog soll Anhaltspunkte geben, welche Marketingmaßnahmen zu berücksichtigen sind und welche Folgen sich hieraus ergeben können.

1. Welches sind die schwerwiegendsten Veränderungen bei Dienstleistungs- oder Warenangeboten, Preisen oder Konditionen, Serviceleistungen, Vertrieb oder Kommunikation?
2. Welche Leistungen sollen entscheidend erweitert oder neu aufgenommen werden und wo sollen die Schwerpunkte liegen?
3. Welche dieser neuen oder schwerpunktmäßigen Leistungen heben sich besonders gegen den Wettbewerb ab und bilden damit entscheidende Vorteile für den Kunden?
4. Stimmt das Niveau dieser Dienstleistungs- oder Warenangebote hinsichtlich Qualität, Preis und Serviceleistungen im Vergleich zum Wettbewerb, bzw. kann das Niveau verändert werden, ohne daß die wirtschaftliche Basis gefährdet wird?
5. Müssen unterschiedliche Preispolitiken berücksichtigt werden, je nachdem ob es sich bei den Kunden um Privatpersonen oder juristische Personen handelt? Wenn ja, welche Preisgestaltung bei welchen Kunden?

6. Werden die Betriebskosten (Kostenstellen) exakt erfaßt (Betriebsabrechnungsbogen)? Wenn nein, dringend nachholen!
7. Wird eine Rentabilitätskontrolle durchgeführt? Wenn nein, dringend nachholen!
8. Wird eine Nachkalkulation durchgeführt, woraus auch der Gewinn ersichtlich wird?
9. Als Schutz vor Zahlungsrisiken bei Betrieben mit höheren Auftragsvolumen pro Kunde: Werden Finanz- und Finanzierungsverhältnisse zukünftiger Kunden geprüft?
10. Werden bei Vorkalkulationen auch gestaffelte Angebote abgegeben? In welchen Fällen und wie groß sind die Differenzen?
11. Werden Zusatzangebote gemacht und in welchen Fällen? Mit wieviel Prozent des Gesamtauftrages?
12. Kann bei einer Veränderung der Preispolitik die Gewinnspanne pro Auftrag kleiner werden und wenn ja, um wieviel?
13. Muß bei einer Steigerung der Rentabilität das Umsatzvolumen steigen oder sinken und um wieviel?
14. Wie werden sich die Löhne, die übrigen Kosten und ihre Preise entwickeln?
15. Welchen Einfluß haben diese Preisentwicklungen voraussichtlich auf Ihr Umsatzvolumen und auf Ihren Gewinn?
16. Wie und wo kalkulieren Sie Konditionen und Serviceleistungen ein, bzw. wie finanzieren Sie sie? Lassen sich diese Kosten auch mittel- oder langfristig über die Gemeinkosten abwälzen? Falls das nicht möglich ist, wo und wie werden die Kosten sonst getragen, z. B. kurzfristig aus Vermögen?
17. Hängen bestimmte Serviceleistungen von der Höhe bestimmter Aufträge ab und wenn ja, von welcher Höhe?
18. Falls Serviceleistungen reduziert werden sollen, steigt die Rentabilität? Um wieviel?
19. Nehmen Verkaufs- und Neugeschäftsmethoden ausreichend auf die Eigenschaften der Zielgruppen Rücksicht? Was müßte verändert werden?
20. Welches und wieviel Personal benötigen Sie zusätzlich?
21. Haben Sie ausreichend ausgebildetes Personal, um den Zielen nachzukommen?

22. Brauchen Sie für besondere Dienstleistungsangebote Spezialisten?
23. Müssen Sie Personal entlassen? Wieviel und wen? Und welche Probleme könnten hierbei entstehen?
24. Reicht das Fachwissen Ihres Personals aus oder werden zusätzliche Schulungen gebraucht? Wenn ja, auf welchem Gebiet?
25. Wollen Sie Mitarbeiter zu bestimmten Tätigkeiten heranziehen, die bisher andere Tätigkeiten ausführten? Wen, wie viele und in welcher Weise?
26. Was fangen Sie mit dem Personal an, dem Sie seine bisherige Aufgabe entziehen?
27. Welche (nicht im Betrieb beschäftigten) freien Mitarbeiter brauchen Sie und wie viele auf welchen Spezialgebieten? Wo und wie finden Sie diese?
28. Welche zusätzlichen technischen Voraussetzungen ergeben sich? Müssen Sie noch in Material, Geräte usw. investieren? Wenn ja, wieviel und welche Art von Material?
29. Welche Dienstleistung oder Warenangebote lassen sich über die bisherigen Einkaufsquellen nicht mehr befriedigen? Welche Einkaufsquellen bieten sich an, zu welchen Konditionen?
30. Ist der Fuhrpark für die anfallenden Transportprobleme ausreichend (Menschen und Material) oder muß er verändert werden, bzw. wie können Transportprobleme sonst gelöst werden?
31. Ist das Lager in Ordnung? Was muß verändert werden? Wird das Lager regelmäßig überprüft und ist es rationell organisiert?
32. Welche Schwierigkeiten können mit Lieferanten oder dem Großhandel entstehen? Wie können diese Schwierigkeiten taktisch und kostenmäßig günstig gelöst werden?
33. Welche Probleme können sich aufgrund der geplanten Veränderungen mit den Banken oder Versicherungen ergeben und welche Lösungsmöglichkeiten gibt es hierfür?
34. Mit welchen schwerwiegenden Reaktionen bei vorhandenen Kunden muß bei Veränderungen gerechnet werden?
35. Tritt eine Imagesteigerung oder ein Imageverlust ein? Bei welcher Zielgruppe, in welcher Weise?

36. Welche zusätzlichen Forderungen ergeben sich bei bestimmten Teilmärkten, die nicht mit globaler Planung abzudecken sind?
37. Was kosten die Veränderungen pro Jahr?
38. Wie finanzieren Sie diese Kosten?
39. Was ist hinsichtlich Marketing-Kommunikation zu tun (siehe Kapitel 8)?

Die vorgenannten Fragen können selbstverständlich nur Richtlinien für die Detailaufgaben geben, die in der taktischen Planung zu lösen sind. Wichtig ist, daß Punkt für Punkt der ausgefüllten Checklisten aufgrund der Zielsetzung und in Übereinstimmung mit der Marketingstrategie betrachtet wird, die hieraus möglicherweise entstehenden Probleme erkannt und Lösungsmöglichkeiten fixiert werden. *Das nachstehende Beispiel zeigt einen einfachen, taktischen Plan, wie er auch von einem im Marketing unerfahrenen Betrieb durchgeführt werden könnte. Das Beispiel zeigt zugleich, daß der Plan keinesfalls kompliziert sein muß, daß sein Vorteil in der Klarheit, Systematik und Vollständigkeit liegt.*

Es muß berücksichtigt werden, daß der Gesamtbereich der Kommunikation hier zunächst nur global angesprochen wurde, da dieser Bereich sehr ausführlich im nächsten Kapitel abgehandelt werden soll.

Beispiel für einen taktischen Plan eines Maler- und Lackiererbetriebes:

(Alle Angaben beziehen sich auf die strategische Planung)
Betrieb von Malermeister Ernst Renner mit 11 Beschäftigten:
1 Meister (Betriebsinhaber, Manager)
1 technischer Angestellter (Meister)
1 Vorarbeiter, 7 Gesellen, 1 Lehrling

Angebot:
Herkömmliche Maler- und Lackiererarbeiten, Arbeiten als Nachunternehmer, spezielle Maler- und Lackiererarbeiten (z. B. Schall- und Wärmedämmung), Arbeiten aus anderen Gewerbebereichen (z. B.

Verlegen von Fliesen, Montieren von Fertigelementen), Arbeiten als Berater (bei anstrichtechnischen Problemen), Nachfolgearbeiten (Teppichbodenreinigung).

Umsatzziel: 1,1 Millionen DM
Betriebsinhaber übernimmt Managementfunktion und ist verantwortlich für Marketing und Werbung. Angestellter Meister ist für Personaleinsatz verantwortlich. Übernimmt außerdem Verkaufsgespräche bei Kunden.

Qualitätsniveau:
Spitzenqualität, gute Standardqualität. Für große Projekte auch preiswerte Massenqualität. Personal muß für Spitzenqualität zum Teil noch besser fachlich ausgebildet und schärfer kontrolliert werden.

Größe der Aufträge:
Alle Arten mit der Ausnahme von sehr kleinen Aufträgen!

Preis und Kalkulation:
Anpassung an übliche Marktpreise. Bei Spitzenqualität auch überdurchschnittlicher Gewinnaufschlag. Für Zielgruppe Gastronomie und dazugehöriges Angebotsbündel ebenfalls etwas erhöht. Gestaffelte Angebote.

Preisentwicklung:
Regelmäßige, branchenübliche Steigerungen. Falls Angebotsbündel „Gastronomie“ einschlägt, hier überdurchschnittliche Steigerungen.

Konditionen: Mengenrabatte.

Bezahlte Serviceleistungen:
Ständige Wartung mit unterdurchschnittlichem Gewinnzuschlag. Bei Großprojekten Ausstattung von Musterräumen zu Selbstkosten. Für die Gastronomie: Schnellservice an Ruhetagen.

Unbezahlte Serviceleistungen:
Empfehlung und Vermittlung von anderen Handwerksbetrieben. Urlaubsservice. Ausschreibungen für Architekten ausarbeiten. Farbvorschläge und Bemusterung. Künstlerische und geschmackliche Beratung. Imagesteigerung ist zu erwarten.

Aktionsradius:
Unverändert. Bei Gastronomie etwas weiter, bis ca. 100 km.

Standortanalyse:
Großstadt, Cityrandlage, gemischte Bebauung mit allen möglichen Wohn- und Geschäftshäusern. Meist Firmenbesitz oder Privatpersonen ohne größere Kapitalprobleme. Keine spezielle Kundendichte, aber großer Fuhrpark vorhanden. Lkw für Transport von Fertigelementen umrüsten. Beschaffungsprobleme im allgemeinen keine. Lieferanten überprüfen, Gegenangebote einholen.

Verkaufspersonal:
Ausgebildet für alle Teilmärkte, aber technische Qualität verbessern. Angestellte im Montieren von Fertigelementen schulen.

Verkaufsmethoden:
Müssen stärker individualisiert werden. Standardschema nur noch bei juristischen Personen. Kontakt persönlich, aber je nach Kundentyp freundlicher oder mehr sachlich.

Angebotsabwicklung muß unbedingt beschleunigt werden. Eilangebote ermöglichen. Auch bei kleineren Projekten ab sofort grundsätzlich Kundenberatung. Stärkeres Eingehen auf Kundenprobleme, öfter Initiative ergreifen.

Neugeschäftsmethoden:
Zusätzlich zu bisherigem Verhalten jetzt Werbemittel einsetzen. Gezielte Akquisition durch Verkaufsförderung bei Hausbesitzern und Gastronomie.

Zeitraum:
Gleichmäßige Arbeitslage weiterhin gewährleisten.

Auftragsbestand:
Ausgeglichene Kapazitätsauslastung herstellen. Zeitweise Überlastung von früher durch bessere Zeitplanung abbauen.

Beispiel für den taktischen Plan eines Bäckereibetriebes:

Betrieb von Bäcker- und Konditormeister Rainer Julius.
8 Filialen und Backbetrieb.
Beschäftigt in der Produktion: Bäckerei 10 inkl. Lehrlinge; Konditorei 6 inkl. Lehrlinge.
Beschäftigte im Verkauf: je eine Filialleiterin, insgesamt weitere 16 Verkäuferinnen, Lehrlinge und Teilzeitkräfte.
Sonstige Beschäftigte: Büro/Verwaltung 2 Personen, Fuhrpark und Versand 6 Personen inkl. Helfer.

Angebot:
Sortiment von insgesamt 160 Produkten, die täglich gebacken werden, plus Saisonartikel. Sortiment seit Jahren unverändert. Das Sortiment wird verringert. 30 Produkte kommen in ein routierendes Sortiment, das nur zeitweise und wechselnd angeboten wird. Jeden Monat werden außerdem ein bis zwei neue Produkte probiert.
Die Sortimentsbereiche wechseln dabei, so daß jede Warengruppe 3- bis 4mal jährlich vertreten ist. Saisonartikel zusätzlich. Die Handelsware (außer Kaffee) wird stark reduziert auf Produkte, die direkt zu den Bedarfsbündeln „Frühstück", „Mittagssnacks", „Backen", „Schüler- und Kinderkonsum" passen. Die Aktivitäten für Torten werden wegen des Qualitäts-Image verstärkt.
Breiter angeboten werden Snacks wie z. B. belegte Brötchen und heiß zu machendes Salzgebäck (Würstchen im Teig, Quiche). Entsprechende Mikrowellenherde werden noch angeschafft.

Umsatzziel: 3,8 Millionen DM
Chef und Juniorchef machen ausschließlich Management. Die Marketingfunktionen übernimmt der Juniorchef; er tritt dafür einen Teil des Einkaufs an einen Meister ab.

Qualitätsniveau:
Spitzenqualität. Es wird nur bestes Material verarbeitet. Seltene Fehlproduktionen werden nicht verkauft. Das gilt auch für Saisonartikel.

Größe der Einkäufe:
Der durchschnittliche Einkauf liegt zwischen 3,– DM und 5,– DM. Durch Zusatzverkäufe soll dieser Wert erhöht werden.
Für die sich ergebende Umsatzsteigerung werden den Verkäuferinnen Prämien bezahlt. Dafür wird ein Quotensystem ausgearbeitet, damit kleine Filialen nicht benachteiligt sind.

Preis und Kalkulation:
Die Preise ergeben sich aus der exakten Kalkulation mit Anpassung an die üblichen Marktpreise. Alle 5er-Preise werden auf 9er-Preise erhöht, also z. B. statt 0,45 DM jetzt 0,49 DM, statt 0,95 DM jetzt 0,99 DM, statt 1,95 DM jetzt 1,99 DM usw. Hieraus ergibt sich ein Nettobetrag von ca. 40 000 DM im Jahr, der unmittelbar in den Gewinn eingeht.

Preisentwicklung:
Keine echten Preissteigerungen im nächsten Jahr, da durch einen neuen Ofen die Personalkapazität besser ausgelastet werden kann.

Konditionen:
Jeden Monat eine Preisaktion: Einfache Preisherabsetzung; Mengenaktionen; Probierpreise; Einführungspreise für neue Produkte.

Bezahlte Serviceleistungen:
Anfertigen von Torten für Spezialanlässe aufgrund eines Fotoalbums mit Mustern. Normal kalkuliert.

Unbezahlte Serviceleistungen:
Trageschachteln für Torten. Schneiden von Brot. Vorbestellungen und Reservierungen telefonisch (erfordert die Ausstattung der drei Filialen mit Direktanschluß, die noch nicht darüber verfügen). Tragetaschen kostenlos. Reichlich Probierstückchen.

Aktionsradius:
Es muß expandiert werden. Standorte in Vorort-Citylagen sind zu finden. Mittelfristiges Ziel: weitere 4 Filialen.
Investitionsplan erstellen, der auch Ausweitungen im Lager und in der Produktion vorsieht.

Standortanalyse:
Von den 8 Geschäften haben 7 gute Standorte. Ein Geschäft liegt in einer reinen Wohngegend, die strukturmäßig immer schlechter wird. Langfristig soll diese Filiale geschlossen werden, wenn sie für die Kapazitätsauslastung nicht mehr gebraucht wird.
Die neuen Geschäfte werden nur noch in City-Lagen oder Einkaufszentren eröffnet; ausreichend groß, um Mikrowellenherde und Kaffeeausschank zu erlauben.

Verkaufspersonal:
Wird in Schichten eingesetzt, mit Überlappung mittags. Eine Verkäuferin soll als Springerin zusätzlich eingestellt werden.
Schulung in bezug auf Zusatzverkäufe vorsehen.

Verkaufsmethoden:
Unbedingt mehr beraten. Entsprechende Schulung einplanen.

Neugeschäftsmethoden:
Aktiver Plan mit zwei Aktionen monatlich, davon eine Preisaktion. Konsequenter, starker Einsatz von Ladenwerbemitteln und Handzetteln.
Die bisher eingesetzten Kleinanzeigen werden gestrichen.

Zeitraum:
Hier ohne Bedeutung. Mit Aktionen baldmöglichst beginnen.

Auftragsbestand/Kapazität:
Bessere Auslastung des Personals in der Produktion durch einen neuen Ofen.
Verkaufspersonal pro Filiale eher verringern, dafür Springerin mit einsetzen. Freiwerdendes Personal für neue Filialen vorsehen.

7. Taktische Planung der Kommunikation

Auf die taktische Planung der Kommunikation muß besonderer Wert gelegt werden. Es geht darum, auf möglichst wirkungsvolle Weise mit den Kunden und zukünftigen Kunden in Kontakt zu treten, um die Dienstleistungs- oder Warenangebote in der richtigen Weise und in der richtigen Menge umzusetzen. Die genaue Planung und Durchführung der Marketingmaßnahmen in den Bereichen Angebot, Preispolitik, Service und Vertrieb bleibt wirkungslos, wenn diese Maßnahmen nicht in der gewünschten Weise der Zielgruppe bekanntgemacht werden.

Aus diesem Grund soll auf die taktische Planung der Kommunikation sehr genau eingegangen werden. Es sollen alle wichtigen Details der Werbung, Public Relations oder Verkaufsförderung angesprochen werden, um den Betriebsinhaber in die Lage zu versetzen, sein eigener Werbeleiter zu sein. Auch wenn bisher noch keine Werbung betrieben wurde, so werden die folgenden Informationen genügend Hinweise enthalten, um gute und richtige Kommunikation ausführen zu können. Es werden darüber hinaus alle wichtigen Einzelheiten mitgeteilt, die man zur Durchführung eines Werbeplanes benötigt.

Die taktische Planung gliedert sich in zehn Bereiche:

- Zielgruppe
- Kommunikationsinhalte
- Konzeption
- Gestaltung
- Text
- Kommunikationswege
- Etat
- Kommunikationsmittel
- Werbeplan
- Werbeberater und Agenturen.

7.1 Zielgruppe

Um möglichst rationell zu arbeiten, sollen nicht alle möglichen Personen und Firmen mit der Kommunikation erreicht werden, die irgendwann einmal Bedarf haben können, sondern gezielt die Personen und Firmen, die in absehbarer Zeit einen Bedarf an den Dienstleistungsangeboten oder Waren eines Handwerksbetriebes haben werden. Aus diesem Grund ist es wichtig, die Zielgruppen so genau wie möglich zu definieren und Maßnahmen zu vermeiden, die sich an die falschen Personen richten. Erreicht man Personen, die nicht zur Zielgruppe gehören, so sind die Aufwendungen umsonst ausgegeben. In diesem Fall spricht man von Streuverlusten. Bei der Definition der Zielgruppen sind sowohl quantitative (statistische und demographische) als auch qualitative (psychologische und typologische) Kriterien wichtig. Grundlagen für die Definition der Zielgruppe ergeben sich aus der Checkliste 5 „Kommunikation". Die Beantwortung nachstehender Fragen vermittelt ein übersichtliches Gesamtbild über die Zielgruppen.

Diese Fragen müssen unbedingt für jeden Teilmarkt eines Betriebes getrennt beantwortet werden und müssen auch für juristische Personen (Firmen und Betriebe) und Privatpersonen getrennt beantwortet werden. Die Fragen können ebenfalls wiederum nur Anhaltspunkte liefern. Von Handwerksbereich zu Handwerksbereich sind Abweichungen denkbar, die nach Ermessen des jeweiligen Betriebsinhabers berücksichtigt werden müssen:

- *Branchen, Struktur und finanzielle Situation der Firmen, die als Auftraggeber in Frage kommen.*
- *Mit welchen Personen in Firmen (getrennt nach Funktionen) wollen Sie kommunizieren?*
- *Welche Personen in welchen Positionen haben die entscheidende Stellung?*
- *Sind (bei Privatpersonen) einige Altersgruppen besonders wichtig?* (Konzentrieren Sie sich in diesem Falle in der Kommunikation auf die schwerpunktmäßig wichtigsten Gruppen.)
- *Welche Berufsgruppen sind am häufigsten anzutreffen?* (Auch

hieraus ergeben sich unter Umständen besondere Ansprachefor-men.)

- *Welche sozialen Schichten kommen als Kunden hauptsächlich in Frage?*
- *Spielt die Familiengröße eine Rolle?* Wenn ja, welche Familiengröße? (Evtl. entstehen hieraus besondere Kundenprobleme, die Sie aufgreifen können.)
- *Welche psychologischen Grundtypen sind besonders zu beachten? (Vgl. mit Seiten 32 – 34).*
- *Stimmt Ihre Kommunikation mit den Eigenschaften der Zielgruppen überein?*
- *Berücksichtigt sie außer dem rein rationalen Bedarf auch die emotionalen Wünsche und verdeckten Kaufmotive in ausreichender Weise? (Vgl. Seiten 86, 87)*

Grundsätzlich gibt es zwei Wege, um die Zielgruppen zu erreichen:
A. Wenn Sie begrenzte Zielgruppen haben, z. B. Berufsgruppen, kleine Firmengruppen, so sollten Sie diese sehr gezielt angehen. Hier bieten sich Kommunikationsmittel an, die in den Bereich der Direktwerbung gehören. Das beste Mittel, sie zu erreichen, sind Werbebriefe, sofern Adressenlisten zu beschaffen sind.
B. Wenn Sie die breite Bevölkerung ansprechen wollen, also möglichst viele Menschen mit aktuellem Bedarf erreichen wollen und diese nicht im einzelnen kennen, so helfen die Mittel der Massenkommunikation. In der Massenkommunikation entfallen alle stark selektierenden Werbemittel, also z. B. Werbebriefe an konkrete Adressaten. Diese Art von Werbemitteln wird in der Massenkommunikation zu teuer, weil der Stückpreis pro Werbemittel zu hoch wird. In der Massenkommunikation müssen Sie zwangsläufig mit Streuverlusten rechnen, doch gibt es Methoden, diese so niedrig wie möglich zu halten, worauf später noch eingegangen werden soll.

Typisches Beispiel für Massenkommunikation: die Anzeige.
Die angestrebte Zielgruppe darf nie aus den Augen verloren werden. Bei jeder Maßnahme, auch bei dem kleinsten Mittel der Werbung oder Verkaufsförderung, sollte man überlegen, ob dies wirklich der beste Weg ist, mit seiner definierten Zielgruppe in Kontakt zu treten

und ob dabei berücksichtigt wurde, die Streuverluste so niedrig wie möglich zu halten.

7.2 Kommunikationsinhalte

An dieser Stelle des taktischen Marketingplanes geht es darum, festzuhalten, welche wichtigen Informationen Sie Ihren zukünftigen Kunden vermitteln wollen. Was soll Ihr zukünftiger Kunde über Ihren Betrieb und über Ihr Angebot wissen, was soll er über Ihren Service und Ihre sonstigen Leistungen wissen, um sich für Ihren Betrieb und nicht für den Ihres Wettbewerbers zu entscheiden?
„Gute Qualität" zum Beispiel ist häufig als Argument nicht ausreichend. Gute Qualität gilt in vielen Handwerksbranchen als so selbstverständlich, daß darüber gar nicht mehr diskutiert wird. Hat man einen echten Qualitätsvorteil, so muß man diesen schon sehr präzise formulieren, um die Unterscheidung deutlich zu machen.
Wenn Ihre Wettbewerber im Prinzip das gleiche anbieten wie Sie, so geht es darum, Leistungen zu finden, die Ihren Betrieb von dem Ihres Konkurrenten abheben. Es wird also nicht das vermittelt, was die in Frage kommende Zielgruppe sowieso schon von Ihrem Betrieb weiß, sondern das, was Ihren Betrieb aus der Allgemeinheit heraushebt und besondere Vorteile für den Kunden bietet. Im Marketing nennt man dies auch das „einzigartige Versprechen".
Gewöhnlich sind dies die Bereiche, wo Sie die größten Veränderungen oder Entwicklungen und die höchsten Chancen Ihres Betriebes sehen. Auf den ausgefüllten Checklisten lassen sich diese wichtigen Punkte einfach ablesen. Entscheidend ist die letzte Spalte „eigener Betrieb – Zielsetzung, Differenz". Die größten Werte zeigen die wichtigsten Veränderungen, und die höchsten Prozentsätze davor zeigen Ihr schwerpunktmäßiges Interesse. Unter Umständen kann es auch wichtig sein, große negative Veränderungen zu kommunizieren, um evtl. dem Kunden zu erläutern, warum diese Angebots-

bereiche oder Servicebereiche nicht mehr in der gewohnten Weise auf Ihren Betrieb zutreffen. So vermeiden Sie es, Stammkunden zu verärgern.
Diese Schwerpunkte sollten mit entsprechenden Kommentaren an dieser Stelle für jedes Marketinginstrument einzeln notiert werden:

- *Angebot*

Welche besonderen Dienstleistungs- oder Warenangebote bietet Ihr Betrieb, und für welche Leistungsbereiche wollen Sie sich besonders einsetzen? Notieren Sie dies für die Art des Angebotes, für das Qualitätsniveau Ihrer Angebote und für bestimmte Auftragsgrößen.

- *Preise und Konditionen*

Welche Preispolitik verfolgen Sie, und was hat Ihr künftiger Kunde davon für einen Nutzen? Haben Sie bestimmte, ungewöhnliche Konditionen zu bieten?

- *Serviceleistungen*

Welche unüblichen Serviceleistungen bieten Sie? Welche führen Sie besonders gut aus, in welcher Hinsicht?

- *Vertrieb*

Haben Sie gut geschultes, sympathisches Verkaufspersonal? Ist die Form, wie Sie den Kontakt zu Ihren Kunden halten, für diese besonders vorteilhaft? Haben Sie Vorteile bei der Angebotsabwicklung? Werden Ihre Kunden evtl. besonders intensiv beraten? Und welchen Nutzen hat ihr zukünftiger Kunde aus diesen Besonderheiten?

- *Aussagen über den Betrieb allgemein*

Was sollte Ihr Kunde über den Betrieb sonst noch wissen, auch wenn es nicht direkt mit Ihren Leistungen zusammenhängt? Konzentrieren Sie sich hier bitte auf ein Minimum an wirklich wichtigen Aussagen. Wichtige Aussagen sind z. B. Auszeichnungen, Meisterdiplome und das Gründungsjahr, falls sich daraus ein Vorteil für den Kunden ableitet.

Im allgemeinen sind die zu vermittelnden Informationen umfangreicher als das, was ein Kunde an Einzelheiten je lernen und erinnern kann. In diesem Falle bleibt leider nichts übrig, als sich einzuschränken. Ein Kunde ist im allgemeinen nicht in der Lage, mehr als zwei bis drei Informationen aus einem Werbemittel zu entnehmen. Auf diese Lernvorgänge muß Rücksicht genommen werden.

Wie nahezu überall im Marketing gibt es auch für die Selektion von Informationen Methoden:

- Es wird über den Planungszeitraum mit den wirklich wichtigsten zwei bis drei Informationen permanent gearbeitet. Die anderen Informationen werden auf einen späteren Zeitraum verschoben.
- Es werden die Informationen wechselnd (jedoch nicht mehr als zwei gleichzeitig) beworben, bei denen die höchsten Veränderungen vorgenommen werden sollen, um Imagegewinn zu erzielen bzw. Imageverlusten vorzubeugen.
  Auch wenn die Informationen Ihnen persönlich schon langweilig vorkommen, dürfen sie nicht zu häufig geändert werden, denn es ist sicher, daß die Zielgruppe zu diesem Zeitpunkt erst anfängt, die Informationen zu lernen.

Nach dem Planungszeitraum kann geprüft werden, ob die Argumente noch zugkräftig sind und ob sie immer noch stark genug gegen die Argumente der Wettbewerber differenzieren. Erst dann ist der Zeitpunkt für neue Argumente gekommen.
Innerhalb von Werbemittelserien können unter Umständen Informationen auch von Werbemittel zu Werbemittel gewechselt werden. Es muß dabei allerdings davon ausgegangen werden, daß sich die einzelnen Informationen nur zum Teil einprägen, einige der übermittelten Informationen vergessen werden.
Diese Taktik erfordert unbedingt einen übergeordneten, zusammenhaltenden Gestaltungsrahmen und Slogan, die eine Einheitlichkeit gewährleisten. Auch in diesem Falle reicht es allerdings nicht, jedes Argument nur ein einziges Mal zu nennen. Jedes Argument muß mehrfach wiederholt werden; hierzu bedarf es eines größeren Werbeetats und einer häufigeren Ansprache der Zielgruppen.

Für jede Art von Kommunikationsinhalten gilt, daß die Botschaft stark vom Wettbewerb differenzieren muß. Man sollte sich davor hüten, zu allgemeine Argumente zu gebrauchen. Sonst macht man nur eine Art Gemeinschaftswerbung, die für die Wettbewerber ebenso nützlich ist wie für den eigenen Betrieb. Die eigene Werbung sollte aber nicht dem Wettbewerb nützen, sondern wirklich dem eigenen Betrieb zugute kommen.

7.3 Konzeption

Wenn man sich entschieden hat, mit welchen Zielgruppen man in Zukunft kommunizieren will, d. h. welchen Personengruppen man seine Waren oder Dienstleistungsangebote nahebringen möchte, und wenn darüber hinaus fixiert wurde, welche Informationen an diese Zielgruppe weitergegeben werden sollen, so geht es nun darum, die Grundlagen für die Werbung, Verkaufsförderung und PR zu erarbeiten.
Um der Kommunikation den optimalen Erfolg beim Kunden zu sichern, sollte allen Maßnahmen eine einheitliche Konzeption zugrunde liegen. Die Konzeption, die den Maßnahmen eine gemeinsame Grundrichtung verleiht und ihnen ein einheitliches Gesicht gibt, ist für den Kunden die Orientierungshilfe, die es ihm möglich macht, den Betrieb in jedem Werbemittel wiederzuerkennen und die ihm nach und nach eine unverwechselbare Vorstellung, also ein genaues Image des Betriebes, gibt. Ein genaues Image aber ist eine unerläßliche Voraussetzung, um sich klar und positiv von den Betrieben der Wettbewerber zu differenzieren. Darüber hinaus hilft die Konzeption, die arbeitsmäßige Abwicklung der Kommunikation zu vereinfachen.

Zur Konzeption gehören:

- Inhalt (entspricht den Kommunikations-Inhalten, wie bereits auf Seiten 127 – 130 erläutert. Es handelt sich um die wichtigsten zu vermittelnden Botschaften über Angebot, Serviceleistungen, Preise usw.)

- Gestaltung (Idee und deren gestalterische Umsetzung)
- Text (Idee und Ausdrucksmittel)
- Kommunikationswege (Welche Art der Kommunikation soll eingesetzt werden und in welchem Anteil? Entscheidet man sich mehr für Werbung oder für Verkaufsförderung, und wie muß ein günstiges Mischungsverhältnis aussehen?)
- Etat.

Eine Konzeption ist also mehr als z. B. ein einheitliches Markenzeichen oder eine einheitliche typografische Gestaltung. Die Konzeption ist die gedankliche Klammer für alle Maßnahmen, die durchgeführt werden sollen. Werden mehrere Teilmärkte beworben, so müssen die Konzeptionen für jeden einzelnen Teilmarkt zueinander passen. Es muß sich eine Gesamtkonzeption ergeben, um ein einheitliches Image zu gewährleisten. Die Konzeption für einen Teilmarkt muß sich also der Gesamtkonzeption unterordnen.

Ist also beabsichtigt, in verschiedenen Teilmärkten aktiv zu werden, so muß unbedingt zunächst eine Gesamtkonzeption erstellt werden. Erst unter diesem Dach können Einzelkonzeptionen für verschiedene Teilmärkte entstehen. Die einzelnen Teilmarktkonzeptionen bauen sich nicht anders auf als die Gesamtkonzeption, auch hier gelten also die fünf vorgenannten Punkte. Nachdem diese Punkte zunächst für das Gesamtunternehmen beantwortet werden, kann danach das gleiche für jeden der verschiedenen Teilmärkte getan werden.

Für alle Zielgruppen gilt also die gleiche Konzeption. Dabei ist es selbstverständlich, daß diese so flexibel sein muß, daß sie genügend Spielraum für die spezifischen Interessen und Probleme der unterschiedlichen Zielgruppen zuläßt.

Die Gesamtkonzeption ist also der Ausgangspunkt aller kreativen und administrativen Tätigkeiten.

7.4 Gestaltung

Vor der eigentlichen Gestaltung, d. h. der Umsetzung in Form von Entwürfen, Zeichnungen oder Druckvorlagen, liegt die Idee. Je ori-

gineller, interessanter und sympathischer die Idee ist, um so mehr fällt sie dem Kunden auf, wird die Botschaft aufgenommen und das Interesse des Kunden geweckt. Auch bei reiner Angebotswerbung (bei der es im wesentlichen um die Auflistung von Waren und Preisen geht) ist die interessante Idee zusätzlicher Aufmerksamkeitsfaktor, der nicht nur verkaufen hilft, sondern zugleich Image bildet.

Es ist nicht immer einfach, eine Idee zu finden. Dies ist ein kreativer Vorgang, für den man ein gewisses Talent besitzen muß. Was aber tut man, wenn einem selbst nichts einfällt und wenn auch niemand anderem im Betrieb eine Idee kommt, andererseits aber das Engagieren eines Werbefachmannes zu teuer wird?

Leider kommt es viel zu häufig vor, daß Ideen kopiert werden, die man schon einmal irgendwo gesehen hat. Einer solchen Idee muß zwangsläufig die Originalität fehlen. Andererseits ist es besser, eine Grundidee von irgendwo anders zu übernehmen und ihr ein neues, originelles Gesicht zu geben, als ohne Idee zu arbeiten. Viel besser ist es jedoch, eine wirklich neue Idee zu finden.

Für die Ideenfindung gibt es sogenannte Kreativitätstechniken. Dies sind Methoden, die es erleichtern, Ideen zu produzieren. Sie lassen sich wie Spiele durchführen und helfen auch ungeschulten Personen, Ideen zu finden. Eine der Kreativitätstechniken, die in jedem Betrieb leicht durchführbar ist, soll hier erläutert werden:

Das Brainstorming.

„Brainstorming" ist ein Begriff, der aus dem Amerkanischen kommt und der wörtlich übersetzt „Gehirnsturm" bedeutet. Damit ist ein völlig freies und uneingeschränktes kreatives Arbeiten des Geistes gemeint. Ein Brainstorming wird wie folgt durchgeführt:

- Bis zu sechs Personen aus Familie, Bekanntenkreis und dem Betrieb werden zusammengerufen. Es sollte sich um Menschen handeln, von denen man meint, daß sie Phantasie besitzen und originell sein können.
- Diese Gruppe wird zum Brainstorming in einen Besprechungsraum eingeladen, der eine angenehme Atmosphäre hat, das kann z. B. auch im Wohnzimmer sein. Für die angenehme Atmosphäre sorgt darüber hinaus eine Bewirtung mit Säften oder leicht alkoholi-

schen Getränken. Das lockert die Stimmung auf und hilft eventuelle Hemmungen zu beseitigen. Personen, die sich nicht am Brainstorming beteiligen, sollten an dieser Besprechung nicht teilnehmen, da sie störend und hemmend wirken.

- Die Diskussionsteilnehmer erfahren zunächst, worum es geht, welche Zielgruppen angesprochen werden sollen, welches die Kommunikationsinhalte sind und welche Art von Idee gesucht wird.
- Nun werden die Spielregeln erläutert:

Jeder darf und soll alle Ideen sagen, die ihm spontan einfallen. Auch – und gerade – die verrücktesten Ideen sollen ohne Hemmungen genannt werden, ohne Rücksicht auf ihre Durchführbarkeit.

- Kritik ist streng verboten, nichts lähmt Kreativität mehr als Kritik. Kritik muß von dem Diskussionsleiter sofort unterbunden werden. Es darf gelacht werden, es sollte jedoch niemand ausgelacht werden. Ermuntern Sie die Teilnehmer immer wieder erneut, sich frei zu äußern.
- Sie selbst sind der Diskussionsleiter, mischen sich aber nicht in die Diskussion ein. Selbstverständlich sollen Sie selbst auch Ideen äußern, haben aber vor allem die Aufgabe, die Diskussion immer wieder in Schwung zu bringen, wenn sie einzuschlafen droht. Sie notieren natürlich alle Inhalte. Auch die scheinbar unvernünftigsten Einfälle müssen zunächst einmal festgehalten werden. Es wird sich später herausstellen, ob vielleicht doch eine brauchbare Grundidee hinter ihnen steckt.
- Das Brainstorming darf nicht länger als eine Stunde dauern. Danach denken Sie jede Idee in Ruhe durch und prüfen, ob sie verwertbar ist (evtl. durch Abwandlung oder Weiterführung des Gedankens). So erhält man eine Auswahl einiger weniger Grundideen, die brauchbar sind. Dies aber war Sinn und Ziel des Brainstormings.

Und nun zur Gestaltungsform: *Suchen Sie nach einer einheitlichen Gestaltungsform. In den Werbemaßnahmen des Handwerks sind einheitliche Gestaltungskonzeptionen noch eher selten. Auch die Maßnahmen sehr gut organisierter Betriebe zeigen oft eine bemerkenswerte Unordnung in der Gestaltung der Werbemittel. Dem ge-*

nauen Beobachter fällt sofort auf, daß das ganze kein Bild, kein Image ergeben kann.

Um einen solchen Eindruck zu vermeiden, ist es am einfachsten, gleichartige Gestaltungselemente zu verwenden:

- gestalterischer Aufbau (Wo steht welches gestalterische Element in den Werbemitteln?)
- Fotos (Art der Abbildungen, Größe usw.)
- Zeichnungen (Stil der Zeichnung, Thematik)
- grafische Details (Ornamente, Art und Größe der verwendeten Schriften)
- Firmenzeichen und andere Elemente.

Die Gestaltung sollte großzügig und sympathisch sein. Nicht jeder Quadratzentimeter Werbemittel muß vollgepackt werden. Ein Weißraum gibt oft Ruhe und Abstand von den Maßnahmen anderer Wettbewerber. Da Werbegestaltung ein besonderes Metier ist, sollte man sich nicht zuviel zumuten. Wenn man keinen Fachmann zu Rate zieht, so ist es besser, einen einfachen Gestaltungsrahmen zu wählen.

Auf Fachleute dieser Art wird im Abschnitt 7.10 eingegangen.

7.5 Text

Ein Werbetext soll kurz und informativ sein. Obwohl man sich auf das Wesentliche beschränken muß, soll der Werbetext bei aller Sachlichkeit doch in einer angenehmen und freundlichen Tonart gehalten sein. Ganz schlecht wäre es, wenn er verworren oder belehrend wirken würde.

Um die Aufmerksamkeit der zukünftigen Kunden zu erregen, braucht der Text eine interessante Überschrift, die unbedingt bereits den Vorteil für den Kunden erkennen läßt.

Der Text soll so gegliedert werden, daß er zum Weiterlesen verführt:

- *ideenreiche, interessante Überschrift*
- *kurze Absätze*

- *Unterüberschriften*
- *gute lesbare Schrifttypen*
- *eventuell Bildunterschriften*
- *Slogan nicht vergessen!*

Im Text enthalten sind die wichtigsten Informationen, die Kommunikationsinhalte, die bereits festgelegt wurden. Einige Textbeispiele finden Sie in Kapitel 8, Seiten 144 – 155 im Zusammenhang mit der Erläuterung der Werbemittel.
Und noch ein Tip: Überschätzen Sie Ihre Fähigkeiten beim Schreiben von Werbetexten nicht. Nicht umsonst gibt es auch hier Spezialisten, nämlich Texter, deren Adressen sich im Branchenfernsprechbuch finden lassen oder die in Werbeagenturen arbeiten.

7.6 Kommunikationswege

Unter Kommunikationswegen verstehen wir die generellen Maßnahmen, die man ergreifen muß, um mit der Zielgruppe Kontakt aufzunehmen: also Werbung, Verkaufsförderung und Public Relations.
Da der erwünschte Kontakt fast nie auf Anhieb zustande kommt, muß man häufiger mit der Zielgruppe kommunizieren. Das erreicht man jedoch nicht, wenn man ständig die Kommunikationswege wechselt. Man sollte sich also zu einer einheitlichen Strategie entschließen. Auch hier muß man planvoll und kontinuierlich vorgehen.
Andererseits ist es für das Handwerk nicht günstig, sich nur eines einzelnen Kommunikationsweges zu bedienen, da man sonst Gefahr läuft, einen Teil seiner Zielgruppe niemals zu erreichen. Es geht also darum, eine möglichst günstige Kombination von Kommunikationswegen zu finden. Für das Handwerk wird dies meist eine Mischung aus Werbung und Verkaufsförderung sein. Public Relations werden immer Einzelmaßnahmen für besonders wichtige Anlässe bleiben.
Jeder Betrieb muß für sich festlegen, wie hoch der Anteil von Werbung und wie hoch der von Verkaufsförderung sein soll. Richtet man

sich an eine sehr breite Zielgruppe, die man nicht genau kennt und die man nicht selektiert ansprechen kann, so empfehlen sich eher Maßnahmen der Werbung. Maßnahmen der Verkaufsförderung werden dagegen im allgemeinen gezielter eingesetzt.

7.7 Etat

Um die Kommunikationsmaßnahmen planvoll und systematisch durchführen zu können, braucht man einen Etat. D. h., es muß ein fester Betrag für Werbung, Verkaufsförderung usw. reserviert werden. Dieses Budget wird am Anfang des Werbejahres festgelegt, um die kontinuierliche Durchführung aller Maßnahmen zu gewährleisten.

Kommunikation kostet Geld. Ohne Werbeetat geht es also nicht. In keinem Falle darf man zuwenig ausgeben. Zu niedrige Investitionen nützen nichts, der ganze Betrag wäre hinausgeworfenes Geld. Zu niedrige Investitionen müssen zwangsläufig zuwenig Werbewirkung bedeuten, die Botschaft könnte also nicht von genügend Personen in der nötigen Intensität gesehen werden.

Falls der Betrieb bisher noch keinen festen Etat hatte, so gibt es verschiedene Möglichkeiten, um eine Etatsumme zu berechnen:

a) Man stellt fest, was man in den vergangenen Jahren für Maßnahmen der Werbung, Verkaufsförderung und Public Relations ausgegeben hat. Im nächsten Schritt wird überlegt, ob man in Zukunft mehr aufwenden muß, um die gesetzten Ziele zu erreichen. Eine Orientierungshilfe ist der Vergleich zwischen den geplanten Maßnahmen und den in der Vergangenheit durchgeführten. Kommt man zu der Erkenntnis, daß der Etat der früheren Jahre ausreichend für die neue Planung ist, so muß man dennoch eine gewisse Steigerung für Preiserhöhungen einkalkulieren. Die Preiserhöhungen im Bereich der Werbung und Verkaufsförderung bewegen sich normalerweise um ca. fünf Prozent.

b) Üblicherweise wird der Etat nach dem geplanten Umsatz festgelegt. Da sich die neuen Maßnahmen auf den geplanten Umsatz bzw. Gewinn beziehen, wäre es sinnlos, den Etat nach dem bisherigen Umsatz zu berechnen.

Je nach Größe und Art der Betriebe können die Prozentsätze erheblich variieren. Für einen Handwerksbetrieb, der keine Waren verkauft, empfiehlt sich ein Etat in Höhe von ca. ein bis drei Prozent. Bei erheblichen Veränderungen oder Ausweitungen (z. B. Gründung neuer Filialen oder Aufnahme eines neuen Servicebereichs) muß dieser Prozentsatz noch erhöht werden, auf fünf oder mehr Prozent. Ein kleinerer Betrieb muß in Relation zu seinem Umsatz einen höheren Prozentsatz aufwenden als ein größerer.
Bei dem Verkauf von Waren über ein Ladengeschäft muß dagegen mit einem wesentlich höheren Prozentsatz gerechnet werden. Eine Summe von ca. drei bis fünf Prozent des Umsatzes ist hier richtig. Auch hier gilt, daß der kleinere Betrieb in der Relation höhere Aufwendungen zu treffen hat.
Je größer der Werbeetat ist, um so höher ist die Intensität der Werbewirkung. Image und Bekanntheitsgrad können schneller durchgesetzt werden als mit einem relativ kleinen Etat.
Wenn der Werbeetat berechnet ist, so sollte aufgrund unternehmerischer Überlegungen entschieden werden, ob dieser Betrag nach oben oder nach unten korrigiert werden muß.
In den Werbeetat gehören nur wirkliche Kommunikationsmittel. Aufwendungen für repräsentative Maßnahmen oder Kundenpflege (z. B. Essenseinladungen) gehören nicht in den Etat.
Fünf bis zehn Prozent des Etats sollten als Reserve eingeplant werden. Die Reserve dient dazu, z. B. Sofortmaßnahmen als Reaktionen auf aggressive Maßnahmen der Konkurrenz durchführen oder um Kostenerhöhungen im Verlaufe des Etatjahres auffangen zu können. Wird die Reserve nicht aufgebraucht, so sollte sie keinesfalls noch rasch zum Ende des Etatjahres ausgegeben werden, sondern sie sollte dem Etat des darauffolgenden Jahres zugeschlagen werden.

In jedem Falle empfiehlt es sich, eine Etatkontrolle durchzuführen. In ihr werden die monatlichen Kosten pro geplantem Werbeprojekt aufgelistet, so daß während des ganzen Etatjahres verfolgt werden kann, ob der Plan eingehalten wurde. Auf diese Weise erspart man sich unter Umständen einen Schock am Jahresende, wenn man feststellt, daß der Etat überzogen wurde.

7.8 Kommunikationsmittel

Auf die Handhabung der einzelnen Kommunikationsmittel soll im Detail im folgenden Kapitel eingegangen werden. An dieser Stelle werden die Kommunikationsmittel kurz angesprochen, um einen Kommunikationsplan erstellen zu können.

Die wichtigsten Mittel zur Kommunikation:

a) Werbung (Imagebildung)

- *Werbebrief* (am wirkungsvollsten als Serien von zwei, drei und mehr Briefen. Geeignet für ausgewählte Zielgruppen. Reaktion zukünftiger Kunden durch Antwortkarten möglich machen).
- *Prospekte* (mehr zur Imagebildung als für aktuelle Angebote geeignet. Sollten besonders auf Leistungen ausgerichtet sein, die den Betrieb vom Wettbewerb differenzieren. Besonders informatives Werbemittel, da höherer Textumfang und Abbildungen möglich sind).
- *Anzeigen* (Anzeigen mit kurzen Informationen für die differenzierende Imagewerbung. Auch Anzeigenserien mit verschiedenen Informationen für verschiedene Kundeninteressen).
- *Firmenschild* (mit Kurzinformation als Werbemittel geeignet).
- *Fahrzeugbeschriftung* (nie ohne Kurzinformation oder Slogan).
- *Visitenkarten* (mit Informationen über Betrieb oder Angebot als Werbemittel einsetzbar).
- *Briefbogen* (haben mit Firmenzeichen und Slogan Werbewert).

- *Werbegeschenke* (als Werbemittel nur geeignet, wenn Informationen unterzubringen sind).
- *Werbemittel von Verbänden, Industrie usw.* (ergänzt durch eigenen Firmeneindruck sind sie ein gutes und preiswertes Werbemittel).
- *Plakat* (teurer, aber eindrucksvoll. Auch als Dekorationsmittel geeignet).
- *Kino-Dia* (nur für Handwerksbetriebe mit größerem Einzugsgebiet geeignet).
- *Verpackungsmaterial für Ladengeschäfte:* Tüten, Einwickelpapier, Tragetaschen.
- *Gemeinschaftswerbung* (Beträge, die Sie für kooperative Werbung bezahlen).
- *Verkehrsmittelwerbung*

b) Verkaufsförderung (kurzfristige Umsatzbelebung)
- *Aktionsplakat* (Plakat mit Sonderaktionen usw. zur kurzfristigen Verkaufsförderung).
- *Aktionsanzeige* (Anzeige mit Sonderangeboten oder besonderen Services, kurzfristig).
- *Werbebriefaktion* (Brief oder Briefserien zur Unterstützung schwerpunktmäßiger Bemühungen).
- *Handzettel* (unentbehrlich für Ladengeschäfte).
- *Aufsteller und Dekomaterial* (für Läden und Büroräume mit Kundenbesuch).
- *Dekoration* (meist nur bei Ladengeschäften, evtl. auch Vitrinen).
- *Messen und Ausstellungen* (Verbraucherausstellungen, an denen der Betrieb teilnimmt).
- *Aktionsmaterial von Verbänden, Industrie usw.* (evtl. ergänzen durch aktuelles Material in bezug auf Sonderangebote).
- *Gemeinschaftsaktionen* (kooperative Aktionen mit Kollegen, die nicht das gleiche Einzugsgebiet haben).
- *Preisausschreiben und Prämiensysteme* (Verlosungsaktionen, die zeitlich begrenzt sind. Prämien für die Gewinnung von Neukunden).

Einsatzplan (Beispiel)

Mittel	Jan.	Febr.	März	April	Mai	Juni	Juli	Aug.	Sept.	Okt.	Nov.	Dez.
Marktforschung	×											
20 Anzeigen, größeres Format			× × ×	× × ×	× × ×	×	×	×	× ×	× ×	× × ×	×
10 Tel.-Anzeigen			×	×	×	×	×	×	×	×	×	×
Schauvitrine wechseln			×	×	×	×	×	×	×	×	×	×
Briefaktion: 1. Zielgruppe											× ×	×
Briefaktion: 2. Zielgruppe								×	× ×			
Referenzmappe		× ——	——	——	——	——	——	——	——	——	——	——→
Firmenzeichen	× ——	——	——	——	——	——	——	——	——	——	——	——→

c) Public Relations

- *Pressemeldungen* (schriftliche Informationen an Presse, möglichst ergänzt durch Fotomaterial).
- *Pressekonferenz* (Sonderveranstaltungen anläßlich wichtiger Ereignisse).
- *PR-Aktionen* (Schaffen von interessanten Anlässen, über die Journalisten gern berichten).

7.9 Werbeplan

Am Anfang des Werbeplans steht die Überlegung, welche Mittel die richtigen für die ausgewählte Zielgruppe sind. Sind die richtigen Werbemittel ausgesucht und stehen die Auflagen für Drucksachen fest, so werden für alles Kostenvoranschläge eingeholt. Sollte die Addition der Kostenvoranschläge den Werbeetat übersteigen, so muß entweder die Anzahl der verschiedenen Werbemittel bzw. Verkaufsförderungsmittel eingeschränkt werden oder die Häufigkeit der Einschaltungen. Es muß also auf ein Werbemittel verzichtet werden, oder z. B. statt der vorgesehenen sechs Anzeigen können nur fünf geschaltet werden. In umgekehrter Weise können Maßnahmen auch ausgeweitet werden.

Beispiel für einen Kommunikationsplan:

Umsatz:		800 000 DM
Davon 3 Prozent Etat	=	24 000 DM
Aufteilung:		
Werbung	50 % =	12 000 DM
Verkaufsförderung	30 % =	7 200 DM
Betriebsmarktforschung	5 % =	1 200 DM
Firmenzeichen	10 % =	2 400 DM
Reserve	5 % =	1 200 DM

Werbemittel:
Neues Firmenzeichen, Gestaltung und Entwürfe (Druck der Geschäftsbriefbogen, Visitenkarten usw. gehört nicht in den Werbeetat. Sie werden nach und nach ersetzt).
20 größere Anzeigen in der Lokalpresse.
10 Telefonnummern-Anzeigen (Kurzinformation mit Telefonnummer, Firmenzeichen und Adresse).
Schauvitrine am Haus.
Verkaufsförderung:
2 × 3 Werbebriefe mit Antwortkarte an ausgewählte Zielgruppen.
Referenzmappe.
Betriebsmarktforschung:
Fragebogen an Kunden.

Erläuterungen zum Einsatzplan

Marktforschung steht vor allen übrigen Arbeiten, weil die Ergebnisse die Konzeption, Text und Gestaltung beeinflussen.
Die größerformatigen Anzeigen sollen Bekanntheit und Image schaffen und sind deshalb am Anfang massiert eingesetzt. In der Sommerzeit geringere Einschaltungen.
Die Telefonanzeigen sind reine Erinnerungswerbung und werden hauptsächlich in den Wochen eingeschaltet, wo keine größerformatigen Anzeigen stehen.

Der Einsatz der beiden Briefserien richtet sich nach der für die Zielgruppe richtigen Zeit.
Referenzmappe und Firmenzeichen wirken konstant.

7.10 Werbeberater und Agenturen

Bei größeren Etats oder wichtigen Aufgaben wie z. B. Firmenzeichen, Konzeption, Verkaufsförderungsaktionen sollte man sich von

Werbeberatern und Agenturen helfen lassen. Für einen Handwerksbetrieb ist es auf jeden Fall günstiger, sich eine kleine Agentur oder einen Einzelberater zu wählen. Für größere Agenturen ist der Etat meist zu klein, die Honorare wären im Verhältnis zur Gesamtsumme zu hoch.
Suchen Sie sich eine Agentur, die schon in Ihrer Branche, zumindest aber im Handwerk Erfahrung besitzt. Fordern Sie zwei bis drei Agenturen auf, sich Ihnen vorzustellen, und lassen Sie sich Arbeitsproben zeigen. Bestehen Sie auf detaillierten Kostenvoranschläge aufgeteilt in mehrere Arbeitsstufen. Geben Sie eine Stufe nach der nächsten frei. So vermindern Sie Ihr Risiko. Denn bezahlen müssen Sie, auch wenn Ihnen die Arbeit nicht gefällt.
Eine gute Lösung ist es, sich mit Kollegen aus anderen regionalen Gebieten zu einer Gemeinschaft zusammenzutun. So können sich auch kleinere Betriebe einen Werbeberater leisten und gemeinschaftlich die gleiche Konzeption benutzen. Die Betriebe der anderen Kollegen müssen natürlich so weit entfernt sein, daß sie nicht mit dem eigenen Betrieb konkurrieren.
Weitere Hilfestellung leisten auch freiberufliche Grafiker und Texter. Sie helfen bei der Beurteilung der wichtigsten Kommunikationsinhalte und setzen diese in Ideen um.
Alle genannten freien Mitarbeiter sind Profis, die den Erfolg der Kommunikationsmaßnahmen sichern helfen. Ihre Adressen findet man in den Branchenverzeichnissen der Fernsprechbücher. Außerdem können zumeist die Betriebsberater der Handwerkskammern zu solchen Kontakten verhelfen.

8. Anwendung wichtiger Mittel aus Werbung und Verkaufsförderung

Um Werbung und Verkaufsförderung praktisch ausführen zu können, sind eine Reihe von Sachkenntnissen erforderlich, die zeitraubendes Experimentieren vermeiden helfen sollen und darüber hinaus Kosten ersparen können.

8.1 Werbebriefe

Besonders wirksam sind Werbebriefe, die sich nicht auf den reinen Text beschränken, sondern die dem Leser einen zusätzlichen Anreiz bieten. Sie sollen Gestaltungselemente enthalten, die das Thema des Werbebriefes anschaulicher und interessanter machen. Solche Anreize können z. B. Fotos von durchgeführten Arbeiten sein, Zeichnungen, kleine Zugaben oder andere gestalterische Elemente, die dem Ganzen mehr Sympathie verleihen. Es ist auch zu überlegen, ob für eine solche Werbeaussendung ein besonderer Briefbogen gestaltet werden sollte, der über Firmenzeichen und Firmennamen hinaus eine werbliche Information enthält, beispielweise einen Slogan.

Jeder Werbebrief sollte mit einer interessanten Überschrift beginnen. Diese kann das Angebot oder eine besondere Serviceleistung enthalten und sollte den Leser dazu bringen, den Brief auch wirklich durchzulesen.

Die Anrede in dem Brief sollte möglichst persönlich sein. Ideal ist es, wenn man den Empfänger mit seinem Namen anreden kann. Wenn man die Namen der Empfänger nicht kennt oder wenn die Kosten für das Eintippen einzelner Namen zu hoch werden, so muß eine Ersatzlösung gefunden werden. Diese sollte immer noch so persönlich wie möglich sein. Sie könnte z. B. von der Berufsgruppe des Empfängers abgeleitet werden: „Liebe Sekretärin“ oder aus einer anderen möglichst persönlichen Situation der betreffenden Zielgruppe: „Liebe Nachbarn“.

Der Text eines Werbebriefes muß angenehm und interessant zu lesen und darf keinesfalls belehrend sein. Das Angebot muß konkret angesprochen werden, sollte jedoch nicht aufdringlich wirken. Der Brief muß sich in sinnvolle, gut lesbare Absätze gliedern und darf nicht zu lang sein (eine Seite).

Da die Aufmerksamkeit der zukünftigen Kunden selten durch einen einzigen Brief zu gewinnen ist, empfiehlt es sich, immer eine kleine Serie von zwei bis drei Briefen an die gleiche Gruppe zu versenden. Der Zeitabstand zwischen diesen Briefen sollte nicht mehr als zwei Wochen sein, damit sich die Zielgruppe noch erinnern kann.

In den meisten Fällen (es hängt natürlich vom Inhalt des Briefes ab) ist es günstig, dem Brief eine Antwortkarte beizufügen. Sie soll es der Zielgruppe erleichtern, mit dem Betrieb in Kontakt zu treten. Auf der Antwortkarte werden jeweils mehrere Antworten zum Ankreuzen vorgegeben. Die Antworten sind so zu gestalten, daß nicht nur sofortiges Interesse bekanntgegeben werden kann, sondern daß auch eine spätere Kontaktaufnahme mit den Zielpersonen möglich ist. Alle Antworten müssen Unverbindlichkeitscharakter haben, damit der Kunde nicht das Gefühl hat, in eine Zwangslage zu geraten.

Bevor Sie die Werbebriefe drucken lassen, holen Sie auf jeden Fall zum Vergleich mehrere Kostenvoranschläge ein. Legen Sie sich dabei nicht auf eine Druckerei fest, da die Preise der Druckereien erheblich schwanken können. Stellen Sie bei der Auftragserteilung sicher, daß Ihr Auftrag in bestmöglicher Qualität ausgeführt ist. Wählen Sie also nicht immer die billigste, sondern immer die beste Qualität.

Wenn Sie die Werbebriefe nicht drucken lassen wollen, sondern ihnen einen persönlicheren Charakter geben wollen, so können Sie sie auch mit Textverarbeitung oder Computern schreiben lassen. Diese Form empfiehlt sich vor allem, wenn Sie über persönliche Anschriften verfügen. Anschrift, Anrede und Brief erscheinen dann im gleichen Schriftbild.

Vor Auftragserteilung prüfen Sie die Lieferfristen, damit Ihr Werbebrief auch termingerecht beim Kunden ankommen kann.

Alle Werbebriefe wirken besser, wenn sie eine persönliche Unterschrift tragen. Ist die Aussendung zu groß, so daß Sie nicht alle Briefe per Hand unterschreiben können, so lassen Sie Ihre Unterschrift in einer Tintenfarbe als zusätzlichen Druckgang eindrucken. Diese Unterschrift – ein Faksimile – wirkt sehr echt und erfüllt notfalls den Charakter des Individuellen.

Wenn irgend möglich, lassen Sie die Briefe in Ihrem Betrieb selbst postfertig machen. Diese Arbeit übernehmen auch die Druckereien oder die Adressenverlage. Sie müssen aber extra dafür bezahlen. Wenn Sie sehr häufig die gleiche Zielgruppe ansprechen, lohnt sich eventuell die Anschaffung einer Diskette zum Adressenschreiben.

Das Teuerste an einem Werbebrief ist meist das Porto. Denken Sie daher bei der Zusammenstellung eines Werbebriefes an das Gewicht. Wenige Gramm Gewicht (Standard 20 g) können oft Hunderte von Mark Kosten ausmachen. Es ist übrigens nicht unbedingt notwendig, daß Sie Antwortkarten vorfrankieren. Ein Kunde, der wirklich Interesse hat, wird auch bereit sein, die Briefmarke für die Antwortkarte zu bezahlen. Hier können Sie Kosten sparen.
Die drei nachstehenden Werbebriefe sind nicht nur in bezug auf das Handwerk und das Angebot, sondern auch in bezug auf Tonart und Informationsgehalt sehr unterschiedlich. Sie sollen einige Anregungen für die Gestaltung eines Werbebriefes geben.

Werbebrief Elektroinstallation:
Gesünder leben – mit einer eigenen Sauna.
Sehr geehrter Hausbesitzer!
Der Trend ist unverkennbar. Immer mehr Menschen entdecken, wie entscheidend es gerade heute ist, etwas für die Gesundheit zu tun. In einer Zeit zunehmender Umweltverschmutzung, des Stresses und falscher Ernährung müssen wir etwas unternehmen, um unseren Körper zu entlasten und abzuhärten.
Eine Möglichkeit dazu ist sicher der regelmäßige Saunabesuch. Gerade Sie als Hausbesitzer sollen eine solche Chance nicht ungenutzt verstreichen lassen. Die Installation einer eigenen Sauna stellt heute kein Problem mehr dar.
Wir als Fachbetrieb sind in der Lage, Ihnen die Sauna einzurichten, die Ihren Bedürfnissen entspricht. Das ist keine Frage des vorhandenen Raumes, sondern die einer exakten Planung. Und die nehmen wir Ihnen ab.
Wir installieren Ihre Sauna komplett, vom Ofen bis zum Thermometer. Alles zu einem Preis, der Sie nicht zum Schwitzen bringt. Sie können auch sicher sein, daß unser Kundendienst zur Stelle ist, wenn Sie ihn je brauchen sollten.
Lassen Sie sich unverbindlich beraten.
Wir freuen uns schon jetzt auf Ihren Besuch.

Mit freundlichen Grüßen

Ihr Elektro-Center Huber

Slogan: *Der Fachbetrieb für individuelle Planung.*

Werbebrief Friseur:
Ihre neue Frisur: ein glänzender Eindruck auf den Chef.
Liebes Fräulein Schulz!
Jede Frau liebt es, bewundert zu werden. Auch am Arbeitsplatz weckt ein hübscher Kopf mehr Sympathie.
Wie wäre es, wenn Sie in der nächsten Woche mit einer neuen Frisur ins Büro gingen? Mit einem von den flotten und frechen Schnitten, die so gut zur neuen, jungen Mode passen. Die praktisch sind und wenig Pflege brauchen.
Eine schicke Frisur, die jedem auffallen wird, auch dem muffeligsten Chef. Und die ein bißchen Sonnenschein in den grauen Alltag bringt.
Wir, das Haarstudio 2000, würden uns freuen, Ihnen dabei behilflich zu sein. Bei uns erhalten Sie eine objektive fachliche Beratung, verbunden mit vielen nützlichen Tips zur Mode und Schönheitspflege.
Beinahe hätten wir's vergessen: wenn Sie jetzt zu uns kommen, gibt es Ihre neue Frisur zum Frühjahrspreis.
Vielleicht sehen wir uns bald. Bis dann.

Ihr Haarstudio 2000

Axel Munthe
2. Platz in der Weltmeisterschaft 1978

Slogan: *Mode beginnt bei der Frisur.*

Werbebrief Schreinerei:
Ein Unternehmen ist so gut wie der Eindruck, den es macht.
Sehr geehrter Herr Schwarz!
Vielleicht kennen Sie die Situation:
Ein neuer Geschäftspartner betritt zum ersten Mal Ihren Konfe-

renzraum. Ein kurzer schweifender Blick und vieles ist bereits entschieden. Ein altes Vorurteil, aber der erste Eindruck ist sehr wichtig. Deshalb sollten Sie gerade bei Gestaltung und Innenausbau von Repräsentationsräumen darauf achten, daß die Arbeiten von Fachleuten geplant und ausgeführt werden.
Wir können Ihnen dazu etwas Besonderes bieten: Alles aus einer Hand. Die Ausgestaltung Ihrer Geschäftsräume, komplett, von der ersten Skizze bis zur letzten Schraube. Sie müssen nicht mehr mit verschiedenen Handwerkern verhandeln. Das nehmen wir Ihnen ab. Und liefern eine perfekte Innenraumgestaltung, die angenehm auffällt. Auf die erstklassige Qualität, den Service und die fachliche Beratung brauchen wir nicht besonders einzugehen. Das ist bei uns selbstverständlich.
Rufen Sie einfach mal an.
Vielleicht können wir etwas für Sie tun.

Mit freundlichen Grüßen

Max Meyer,
Schreinermeister

Slogan: *Die Experten für Innengestaltung.*

8.2 Handzettel, Prospekte und andere Drucksachen

Einseitige oder doppelseitige Handzettel, Faltblätter, umfangreichere und kleinere Prospekte können sowohl für Werbung als auch für Verkaufsförderung eingesetzt werden. Der Handzettel muß sich (ähnlich wie der Werbebrief) jeweils auf die wichtigsten Informationen beschränken. Die Prospekte dagegen sind meist umfangreicher und können mehr über einen Betrieb aussagen. Auf der anderen Seite sind sie teurer als Handzettel und sollten daher für einen längeren Zeitraum Gültigkeit haben.

Die Gestaltung von Handzetteln oder Prospekten sollte in jedem Fall großzügig sein. Sie muß sofort klarmachen, um welche Dienstleistungsangebote oder Waren es sich handelt. Wie beim Werbebrief, müssen auch bei diesen Drucksachen beim Leser Interesse und Sympathie erzeugt werden. Dies kann mit Hilfe von Abbildungen als Blickfang geschehen. Als Abbildungen eignen sich z. B. Referenzobjekte, zufriedene Kunden oder schöne Waren, kurz alles, was Ihr zukünftiger Kunde bei Ihren Dienstleistungs- oder Warenangeboten empfinden soll.

Das gleiche gilt auch für den Text. Er darf nicht langweilig und steril wirken. In ihm sollten Sie nicht nur Ihre Vorteile schildern, sondern vor allem klarmachen, was Ihr zukünftiger Kunde von Ihrem Angebot hat. Denken Sie auch daran, den Text leseanreizend zu gestalten. Überschriften, Unterüberschriften und Bildunterschriften erleichtern das Lesen und sagen auch dem flüchtigen Betrachter, worauf es vor allem ankommt. Texte auf Handzetteln und Prospekten dürfen nicht zu lang sein, sie werden sonst nicht gelesen.

Unter Umständen empfiehlt es sich, in den Handzettel oder den Prospekt einen Coupon einzufügen. Das ist allerdings nur dann sinnvoll, wenn er dem Kunden einen Nutzen bringt.

Abgesehen von Werbeberatern, Agenturen und Gestaltern helfen gelegentlich auch Druckereien bei Gestaltungsaufgaben weiter. Ihre Druckvorlagen können Sie durch die Druckereien anfertigen lassen. Unterschätzen Sie dabei die Wichtigkeit schöner Schriften nicht, und sorgen Sie dafür, daß sich in der Gestaltung nicht ein Schriftsalat bildet.

Auch bei Handzetteln und Prospekten spielt die Qualität eine wichtige Rolle. Dies gilt nicht nur für die gestalterische Qualität, sondern genauso für die Qualität der Ausführung. Das beginnt bei der Auswahl des Papiers. Schlechtes Papier kann schnell vergilben. Je länger die Werbemittel wirken sollen, also Prospekte länger als Handzettel, desto besser muß das Papier sein. Es empfiehlt sich, sich von der Druckerei auch über das Papiergewicht beraten zu lassen, um möglichst günstig abzuschneiden, wenn man diese Werbemittel einmal per Post versenden möchte.

Handzettel und Prospekte können ausgelegt werden (z. B. in einem

Ladengeschäft), oder sie können in die Hausbriefkästen verteilt werden. Dies übernehmen eigene Organisationen, sofern kein Mitarbeiter oder Hilfskräfte hierfür zur Verfügung stehen. Handzettel und Prospekte können auch der normalen Geschäftspost beigefügt werden, sofern nicht ein sehr aktuelles, kurzfristiges Angebot angesprochen wird.
Bei aktuellen Angeboten kann man Handzettel außerdem den Tageszeitungen beilegen lassen. Anzeigenvertreter und Anzeigenabteilungen der Tageszeitungen geben hierüber Auskunft.
Handzettel und Prospekte sind meist teurer als Werbebriefe, dafür aber läßt sich eher Farbe verwenden, und Bilder sind gut zu drukken. Bebildern Sie diese Werbemittel reich, mit Fotos, Illustrationen, Graphik.
Nachstehend wieder einige Beispiele, die Anregungen für Handzetteltexte geben sollen.

Handzettel Metzger:

Überschrift: *Schlemmen wie die alten Germanen.*

Unterüberschrift:
Die Leberwurst, die schon unseren Urvätern schmeckte.

Text: Die sollten Sie mal probieren: echte Hausmacherleberwurst auf Germanenart.
Hergestellt nach alten Originalrezepten. Selbstverständlich nur aus frischen, natürlichen Bestandteilen und ohne chemische Zusätze. Kosten Sie den kraftvollen Geschmack erlesener Kräuter und edler Gewürze. Entdecken Sie den herzhaften Biß einer seltenen Delikatesse.
Selbstverständlich würden wir Sie auch gern mit vielen anderen Köstlichkeiten aus unserem Fachangebot verwöhnen. Schauen Sie einfach mal vorbei und lassen Sie sich überraschen.

Ihr Metzgermeister Wuchtig

Slogan: *Wir haben das Fleisch und die Ideen.*

Rückseite: *Aktuelle Angebote mit Preisen.*

Handzettel Maler:

Überschrift: *Schöner wohnen heißt farbig wohnen.*

Unterüberschrift: *Die neuen Wohn-Farben sind da.*

Text: Lassen Sie Ihrer Phantasie freien Lauf und verschönern Sie Ihre Wohnung mit den modernen Farben einer schicken Wohnsaison. Wir haben die Farben, die das Wohnen schöner machen.
Und wir haben die Fachberatung, die die Auswahl sicherer macht. Unsere *Wohn-Color-Experten* haben ein spezielles Farbwahl-System entwickelt, das Ihrer Wohnung die Farben gibt, die zu Ihnen passen. Farben, die das Wohnen zum Erlebnis machen.
Lassen Sie sich unverbindlich bei uns beraten. Oder unterhalten Sie sich in Ruhe zu Hause mit unseren Experten.
Wir helfen gern.

Farb-Center-Schmitz
Malermeister

Slogan: *Das Haus der Farbe*

Rückseite: *Farbige Bildbeispiele.*

8.3 Anzeigen

Anzeigen können Aktionscharakter haben, dann wirken Sie eher verkaufsfördernd. Sollen Sie beim zukünftigen Kunden jedoch längerfristig Informationen einprägen, so sind sie eher ein Mittel der Werbung für die Imagebildung eines Betriebes.
Kleinformatige Standardanzeigen eignen sich vor allem als Erinnerungswerbung für Betriebe, die schon einen höheren Bekanntheitsgrad und ein positives Image besitzen. Für Betriebe also, die keine Informationen mehr an neue Kundengruppen weitergeben müssen, sondern die sich vor allem bereits vorhandenen Kunden in das Gedächtnis rufen wollen. Standardanzeigen kann man jedoch auch erweitern und durch kurze, themenbezogene Informationen anrei-

chern. Standardanzeigen sind immer als Anzeigenserie zu sehen, so wie Erinnerung auch immer neu erfolgen muß. Nachstehend einige erweiterte Standardanzeigen, die noch durch Firmenzeichen und andere grafische Elemente ergänzt werden müssen. Selbstverständlich darf auch die Adresse nicht fehlen.

Standardanzeige Kfz-Werkstätte:

Überschrift: *Gratis. Wir justieren Ihr Licht.*

Text: Jeder erfahrene Autofahrer weiß, wie wichtig eine richtige Beleuchtung für sein Auto ist.
Deshalb unser Beitrag zur Verkehrssicherheit: bei jeder Reparatur die kostenlose Lichtjustierung. Vom Fachmann rasch und korrekt ausgeführt. Das ist Sicherheit, die Sie sich und Ihrem Auto gönnen sollten.

Autohaus Diesel, Meisterbetrieb

Slogan: *Die Verkehrs-Experten.*

Standardanzeige Metzger:

Überschrift: *Zeit sparen beim Braten und Grillen.*

Unterüberschrift:
Wir schenken Ihnen mehr Zeit für die Familie.

Text: Wir nehmen Ihnen die zeitraubenden Vorarbeiten ab. Unsere Braten sind bereits fertig gewürzt, Schnitzel paniert, Schaschliks zusammengestellt. Das ist praktisch. Das geht schnell. Nur noch rasch in die Röhre oder auf den Grill und schon fertig. Ein leckeres Essen, wie selbstgemacht. Und dabei preiswerter als Sie denken.

Metzgermeister Kühle

Slogan: *Fleisch und neue Ideen.*

Standardanzeige Maler:

Überschrift: *Sie brauchen Tapetenwechsel.*

Text: Überlegen Sie nicht zweimal: so günstig bekommen Sie eine neue Wohnung nie wieder. Unsere Tapetenabteilung zeigt Ihnen die neuesten Farben und Dessins zu Preisen, die zu jedem Geldbeutel passen.
Abwaschbare Tapeten, selbstklebende Tapeten, Basttapeten, Seidentapeten. Für jeden Geschmack das Beste, für jede Wohn-Idee das Richtige. Unsere umfassende Fachberatung und unsere Qualität werden Sie überzeugen.

Farben und Tapeten Handke

Slogan: *Wir bringen Farbe in Ihr Leben.*

Sollen die Anzeigen raschere Wirkung bringen, sollen sie schneller Image bilden, so müssen sie mehr Gestaltung und mehr Aussagekraft erhalten. Sie dürfen nicht zu kleinformatig sein und müssen wenigstens in Serie von 5 Anzeigen hintereinandergeschaltet werden. In einer solchen Serie sollte jede Imageanzeige eine neue Überschrift haben. Auf diese Weise kann nicht nur nach und nach eine Reihe von Informationen übermittelt werden, sondern die zukünftigen Kunden finden immer wieder neue Anhaltspunkte, die ihr Interesse wecken.

Auch zu den imagebildenden Anzeigen hier einige Beispiele:

Imagebildung Fliesenleger:

Überschrift: *Wir haben nichts zu verbergen.*
Unterüberschrift: *Kommen Sie zur Eröffnung unserer Keramik-Kachel-Ausstellung.*

Text: Wir haben was gegen die große Langeweile in Bad und Küche. Und wer Ideen hat, soll sie auch zeigen. Das tun wir jetzt. In unseren nagelneuen Ausstellungsräumen präsentieren wir Ihnen die neuesten und besten Keramik-Kacheln aus Italien. Anspruchsvoll im Design, interessant in der Ausführung, von hochwertiger Qualität. Beweisen Sie Geschmack und wählen Sie aus einem Angebot, das für jeden das Richtige bietet.

Selbstverständlich verlegen wir Ihre Kacheln auch. Fachgerecht. Denn dazu sind wir da.

G. Kachelt, Fliesenlegermeister

Slogan: *Ihr Fachmann von nebenan.*

Imagebildung Schreiner:

Überschrift: *Wo gibt es heute noch etwas umsonst?*

Text: Wir sind eine Schreinerei mittlerer Größe und haben genausowenig zu verschenken wie Sie.
Trotzdem finden wir, daß guter Service zu einem modernen Betrieb gehört. Deshalb haben wir uns jetzt folgendes ausgedacht:
Wenn Sie einen Innenraum neu gestalten und vielleicht mit Holz auskleiden wollen, dann reden Sie doch bitte erst mal mit uns. Wir beraten Sie nämlich nicht nur ausgiebig, sondern wir planen auch. Sie bekommen einen richtigen Innenraumgestaltungsplan, fast wie vom Innenarchitekten. Und – der kostet Sie gar nichts. Egal, ob Sie uns dann wirklich beauftragen oder nicht, der Plan gehört Ihnen. Ist das nicht ein Angebot zum Nachdenken?
Wenn Sie das genügend getan haben, rufen Sie uns an. Wir freuen uns.

Karl Lustig, Schreinerei und Innenausbau
Meisterbetrieb

Slogan: *Die guten Ideen kommen vom Fachmann.*

Imagebildung Bäcker:

Überschrift: *Die Auswahl zeigt die Leistung.*

Text: Wenn Sie meinen, wir backen kleine Brötchen, dann liegen Sie falsch.
Denn ein moderner Bäckereibetrieb geht heute mit der Zeit. Das beginnt bei den besagten kleinen Brötchen und geht bis zur Torte, die wir nach Ihren Wünschen komponieren.

Zwischenüberschrift: *Unsere besondere Spezialität: Das Brot.*

Text: Über 50 Sorten backen wir täglich für Sie. Vom altfränkischen Bauernbrot aus dem Holzofen bis zur knackigen französischen Baguette gibt es nichts, was es bei uns nicht gibt. Und das in einer vollendeten Qualität, die Ihnen das Wasser im Munde zusammenfließen läßt.
Kommen Sie einfach bei uns vorbei und überzeugen Sie sich selbst.
Dann werden Sie feststellen, warum wir behaupten:

Bäckermeister Mehl

Slogan: *Backen ist unser Beruf.*

Alle Anzeigentexte sollen kurz und knapp wichtige Informationen geben. Diese Informationen können sich in den verschiedenen Anzeigen auch wiederholen. Wichtig ist, daß der Text gut zu lesen ist, und zwar nicht nur von seiner Gestaltung her, sondern auch von der Tonart. Der Text muß Spaß machen, alle sachlichen Informationen (die unbedingt notwendig sind) sollen angenehm verpackt sein. Interessante Schriften, Zeichnungen oder andere Abbildungen erhöhen den Aufmerksamkeitswert der Anzeigen erheblich.
Es lohnt sich, für die Gestaltung freie Mitarbeiter heranzuziehen, über die wir Sie bereits in dem letzten Kapitel unterrichtet haben. Es lohnt sich aber vor allem auch, sich mit der Ideenfindung für eine Anzeigenüberschrift besondere Mühe zu geben. Anders ist die Aufmerksamkeit der Leser nicht zu fesseln.
In bezug auf die Anzeigentechnik gibt es noch Details zu beachten. In erster Linie müssen die Formate stimmen. Sie sind bei den Zeitungen abzufragen. Im allgemeinen beträgt die Spaltenbreite für eine Anzeigenspalte 45 mm. Die Anzeige kann 1, 2, 3 oder mehr Spalten breit sein. Sie kann auch über Blattbreite gebucht werden und wird dann meist am unteren Rand der Seite plaziert. Die Anzeigengröße wird beim Verlag außer in der Spaltenbreite noch in der mm-Höhe angegeben. Hiernach richten sich auch die Kosten einer Anzeige. Die Anzeigenpreise werden meist in mm-Höhe pro

Spaltenzahl ausgedrückt, z. B. 10 mm 3spaltig = 30 mm à 3,– DM.
Wenn Gestaltungsidee und Text feststehen und auch das Format entschieden ist, müssen die Druckunterlagen erstellt werden. Wenn Sie hiermit keinen Grafiker oder Werbeberater beauftragen wollen, so ist es möglich, die Gestaltung auch über die Anzeigenvertretungen oder Anzeigenabteilungen durchführen zu lassen. Lassen Sie sich das Ergebnis vor dem Druck zur Kontrolle noch einmal zeigen! Ein anderer Weg ist es, Texte, Firmenzeichen, Bilder usw. bei der Zeitung zusammen mit einer Skizze abzugeben, aus der hervorgeht, wie die Zusammenstellung der einzelnen Gestaltungselemente aussehen soll. Ein solches „Layout" (Gestaltungsentwurf) auszuführen ist jedoch gar nicht so einfach und sollte in den meisten Fällen einem Fachmann überlassen bleiben.

Auch Lithoanstalten, die von der Reinzeichnung die entsprechende Druckunterlage anfertigen, übernehmen gelegentlich Gestaltungen als Service. Adressen von Lithoanstalten stehen im Branchenverzeichnis.

In welcher Tageszeitung Sie Ihre Anzeigen einschalten, richtet sich nach der Zielgruppe, die Sie ansprechen wollen. Fragen Sie sich, welche Zeitungen von Ihren Zielpersonen gelesen werden und welche Angebote Sie für diese Zielgruppen haben. Denken Sie dabei nicht nur an die lokalen Tageszeitungen, sondern z. B. auch an die regionalen Anzeigenblätter, an die Wochenblätter und bei Spezialangeboten unter Umständen sogar an überregionale Tageszeitungen. Anzeigenvertretungen solcher Medien gibt es in jeder Stadt. Es ist auch nicht gleichgültig, an welchem Tag eine Anzeige erscheint. Samstag-Ausgaben sind meist teurer als Wochentag-Ausgaben, werden aber oft besonders gründlich gelesen. Für Ladengeschäfte empfehlen sich eher Mittwoch und Donnerstag, da sich die Hausfrau auf ihren Wochenendeinkauf vorbereiten will. Die Druckunterlage muß jeweils einige Tage vor dem Erscheinungstermin beim Verlag sein. Diesen Tag vor dem Erscheinungstermin nennt man „Anzeigenschlußtermin". Er läßt sich ebenfalls bei den Verlagen abfragen.

8.4 Plakat

Das Plakat besitzt als Werbemittel einen hohen Aktualitätswert. Plakate sind daher besonders gute Mittel für Aktionen. An Litfaßsäulen oder Werbeflächen angeschlagen (entsprechende Unternehmen gibt es in jeder Stadt), können Plakate sehr rasche Reaktionen auslösen. Leider sind Plakate wegen ihrer hohen Druckkosten sehr teure Werbemittel. Man muß sich daher sehr genau überlegen, ob man mit Plakaten werben kann. Im allgemeinen ist Plakatwerbung deshalb eher für größere Betriebe geeignet.
Wenn man Plakate selbst gestalten will, so lohnt es sich, wegen der hohen Investitionskosten einen Grafiker oder Werbeberater hinzuzuziehen. Evtl. lassen sich auch fertige Plakate der Industrie verwenden. In diesem Falle darf ein Firmeneindruck nicht vergessen werden.
Wegen der hohen Kosten sollte man es sich überlegen, evtl. gleich zwei Auflagen für zwei Plakataktionen auf einmal zu drucken. Plakate können darüber hinaus auch als Schaufensterdekorationsmittel verwendet werden.
Bei Ladenplakaten lohnt es sich, einen Gestaltungsrahmen (in mehreren Farben) für die Auflage des ganzen Jahres oder mehrerer Jahre zu drucken. Im Bedarfsfalle werden nun zu sehr niedrigen Preisen Eindrucke für die jeweilige Aktion vorgenommen. Es kann auch mal etwas mit der Hand eingeschrieben werden.

8.5 Preisausschreiben

Preisausschreiben lassen sich für jedes beliebige Thema veranstalten. Preisausschreiben haben einen hohen Anreiz, jedoch können bei weitem nicht alle Löser als zukünftige Kunden betrachtet werden. Es machen immer eine Vielzahl von Personen mit, die grundsätzlich jedes Preisausschreiben lösen, ohne an den Produkten Interesse zu haben. Umgekehrt lösen wenigstens zehnmal mehr Perso-

nen die Aufgabe, als Einsendungen kommen. Da Preisausschreiben darüber hinaus neben den hohen Einschaltkosten als Anzeigen auch noch die Gewinne kosten, muß ihr Einsatz sorgfältig bedacht werden.
Thema des Preisausschreibens und die Frage, die es zu lösen gilt, sollten sich unbedingt auf die wichtigste Information beziehen. Dabei dürfen die Leser nicht überfordert werden. Auf der anderen Seite haben „idiotensichere" Preisausschreiben meist wenig Anreiz und prägen auch die wichtigen Informationen nur oberflächlich ein. Man muß sich also auch mit der Schwierigkeit der Fragestellung genau auseinandersetzen.

Zu beachten ist auf jeden Fall:
- Die Aufgabe muß leicht zu lösen sein,
- der Einsendeschluß muß feststehen,
- um juristische Schwierigkeiten zu vermeiden, muß hinzugeschrieben werden: Die Auslosung erfolgt unter Ausschluß des Rechtsweges,
- die Adresse, an die die Einsendung zu schicken ist, darf nicht vergessen werden,
- nur frankierte Lösungen (um wirkliche Interessenten herauszufiltern) werden akzeptiert,
- die Abgabe im Laden ist erlaubt, wenn die Einsendung außerdem auch per Post erfolgen kann.

8.6 Referenzmappen

Referenz- oder Angebotsmappen sind für alle Betriebe interessant, die ein Dienstleistungsangebot am besten anhand fertiggestellter Objekte demonstrieren können. Angebotsmappen sollen die aktiven, verkäuferischen Bemühungen unterstützen. Für ihre Zusammenstellung gibt es einige Kriterien, die man beachten sollte:

- Auf den ersten Seiten sollten generell die wichtigsten Vorteile aus Angebot, Service, Preis usw. aufgelistet werden, die der Betrieb bietet, und dazu der besondere Nutzen, den der zukünftige Kunde von diesen Vorteilen haben wird.
- Im Anschluß daran wird der Betrieb kurz vorgestellt; Betriebsinhaber, andere Führungspersonen und Abteilungsleiter werden kurz mit ihren Namen und Funktionen vorgestellt. Evtl. kann auch der Betrieb im Foto gezeigt werden.
- Für jede der Referenzen sollte ein eigenes Blatt reserviert werden. Alle Referenzen sind sowohl im Foto zu zeigen wie in einem kurzen Text zu beschreiben. Dabei sollten möglichst unterschiedliche Objekte gezeigt werden, um die Bandbreite der Dienstleistungen darzustellen. Wo es sinnvoll ist, sollten auch Details gezeigt werden, die die besondere handwerkliche Leistung deutlich machen. Jedes Foto muß eine Kurzbeschreibung erhalten, so wie jedes Objekt auch die Adresse des Objektes und nach Möglichkeit den Namen des Auftraggebers tragen sollte.
- Weitere Seiten können für Angebotsvordrucke, Preislisten oder Geschäftsbedingungen reserviert werden.
- Es sollten gleich mehrere Exemplare angefertigt werden, damit auch eine Mappe zur Ansicht hinterlassen werden kann, ohne daß dadurch ein weiteres Kundengespräch verhindert wird.
- Am besten sind Ordner, deren Inhalt sich austauschen läßt, um die Referenzen immer auf einem aktuellen Stand zu halten.
- Die Referenzblätter müssen einheitlich und sauber gestaltet sein. Hierfür können weißer Karton oder einfache Briefbögen verwendet werden.
- Die Fotos von den Objekten müssen gute Qualität haben. Wenn nicht eine gute Kamera zur Verfügung steht und eine Person, die wirklich gute Fotos anfertigen kann, so ist es besser, einen preiswerten Fotografen zu beauftragen. Adressen entsprechender Fotografen befinden sich ebenfalls im Branchenverzeichnis. Farbfotos sind in jedem Falle schöner als Schwarzweiß-Abzüge. Die Kosten hierfür sind auch bei mehreren Exemplaren relativ unerheblich.

– Alle Texte sollten knapp und problembezogen sein. Sie können einfach mit der Schreibmaschine gedruckt werden; dabei sollte aber jedes Exemplar separat geschrieben werden (also keine Durchschläge). Schöner, aber teurer ist es, die Texte drucken zu lassen.

8.7 Pressemeldung

Pressemeldungen, wie alle Mittel der Public Relations, können nur Erfolg haben, wenn der Betrieb wirklich wichtige und interessante Informationen zu berichten hat. Keinesfalls sind Angebote und normale Serviceleistungen als solche Informationen zu betrachten. Wichtige betriebliche Veränderungen, besondere Auszeichnungen des Betriebes oder andere wichtige Ereignisse (z. B. Zusammenschlüsse zu Handwerksgruppen, soziale Einrichtungen) können als Pressemeldung geeignet sein.

Unter einer Pressemeldung versteht man einen kurzen, abdruckreifen Text, der nach Möglichkeit von einem Foto begleitet werden sollte. Fotomeldungen können meist leichter in der Zeitung untergebracht werden als andere Pressemeldungen. Pressemeldungen werden an die lokalen Redaktionen aller Tageszeitungen und Anzeigenblätter versendet, die im Aktionsradius des Betriebes gelesen werden. Auch Fachzeitschriften können an derartigen Meldungen interessiert sein. Auch hier gilt jedoch, daß nur solche Meldungen Aussichten auf Erfolg haben, die wirklich interessant sind, sonst landen sie sofort in den Papierkörben.

Die Texte für Pressemeldungen müssen journalistisch geschrieben sein, dürfen also nicht den Anschein von Werbung erwecken. Eine Firmenbezeichnung ist meist nicht unterzubringen, sondern sie läßt sich am besten im Fotovermerk einfügen. Alle Zeitungen und Zeitschriften sind sehr empfindlich, wenn sie den Eindruck haben, hier solle kostenlos Werbung betrieben werden.

Führt ein größerer Betrieb Public Relations durch, so empfiehlt es sich in jedem Fall, entsprechende freie Mitarbeiter hinzuzuziehen. Dieses Thema ist besonders problematisch und bedarf meist des Rates eines Fachmannes.
In jedem Fall ist es besser, offen mit dem Redakteur der betreffenden Tageszeitung zu sprechen.

8.8 Verkehrsmittelwerbung

Charakteristik und Aufgaben

Wie alle Außenwerbung soll auch die Verkehrsmittelwerbung in der breiten Bevölkerung, bei Passanten und Autofahrern, Image bilden oder an einen Betrieb erinnern.
Die Botschaft, die man vermitteln will, muß mit einem Blick aufgenommen werden können. Verkehrsmittel sind schnell vorbeigefahren. Niemand studiert die Werbung darauf lange und gründlich.
Werbung in Verkehrsmitteln dagegen kann umfangreichere Informationen enthalten. Man hat ja Zeit, sie zu lesen. Wegen der relativ großen Leseabstände jedoch braucht man auch große Buchstaben. Da ist der zur Verfügung stehende Platz schnell verbraucht.
Um aber wirklich Image zu bilden, muß die Verkehrsmittelwerbung eine gestalterische Idee haben. Der Firmenschriftzug, mit etwas Text, reicht keinesfalls aus. Die Gestaltungsidee muß auch auffällig sein, um den flüchtigen Blick auf sich zu lenken.

Fachwissen, Technik und Einsatz

Außengestaltung von Straßenbahnen und Bussen:
Besonders schön, aber sehr teuer ist es, den ganzen Wagen oder Zug komplett zu gestalten. Das fällt bei weitem mehr auf als Folienaufkleber auf den Seitenflächen.

Die Mindestzeit für die Belegung beträgt zwischen drei Monaten und einem Jahr.
Normalerweise kann man nicht festlegen, welche Linie bzw. Strecke man belegen möchte. Die Züge und Busse werden nach Bedarf eingesetzt.
Auskünfte über Vermietungen bzw. Adressen der Vermieter bekommt man über die städtischen Verkehrsbetriebe.

Fensterkleber und Plakate
Die Anbringungsflächen werden ebenfalls für Straßenbahnen und Busse vermietet. Zu den Mietpreisen kommen noch Herstellungskosten und Kosten für das Aufbringen und Entfernen.
Die Mindestbelegungszeit beträgt im allgemeinen einen Monat. Es empfiehlt sich aber, zwei bis drei Monate Belegungszeit zu buchen. Das ist wirtschaftlicher. Nach drei Monaten werden die Werbemittel nicht mehr wahrgenommen, wenn der Zug oder Bus immer die gleiche Strecke fährt.

Taxis
In einigen Städten vermieten Taxiunternehmer Flächen für große Aufkleber auf Taxis. Obwohl die Werbung für die gesamte Bevölkerung sichtbar wird, wird sie doch hauptsächlich von den Fahrgästen gesehen. In Großstädten sind das häufig Fremde, die als Kunden für den Handwerksbetrieb kaum in Frage kommen.
In Städten mit wenig Fremdenverkehr kann die Werbung jedoch interessant sein.
Auskünfte bzw. Adressen erhält man über die Taxizentralen.

Postautos
Auch die Post vermietet Werbeflächen an ihren Auslieferungsfahrzeugen. Es ist eigentlich verwunderlich, daß diese Werbemöglichkeit wenig in Anspruch genommen wird.
Die Belegung ist zwar auch nicht gerade billig (die großflächigen Folien kosten relativ viel), aber Postautos haben den Vorteil, immer eine Weile zu stehen, so daß Passanten mehr Zeit zur Informationsaufnahme haben.
Auskünfte erteilt das Hauptpostamt.

8.9 Werbegeschenke

Charakteristik und Aufgaben

Werbegeschenke sind ein sehr umstrittenes Mittel der Werbung. Wir wollen die Diskussion um dieses Thema hier nicht aufgreifen. Bedenken Sie, daß Werbegeschenke meist nur wenig Raum für Informationen haben. Wollen Sie also ganz gezielt Werbung treiben, können Sie alle die Geschenke nicht brauchen, die nur Platz für das Firmenzeichen lassen.
Ich persönlich bin der Meinung, daß kleine Geschenke die Freundschaft erhalten. Sie sollten allerdings tatsächlich den Charakter eines Geschenkes haben. Standardkugelschreiber und Standardstreichholzschachteln gehören nicht in diese Kategorie.

Bei der Ideensuche nach Werbegeschenken sind – außer bei ganz persönlichen Geschenken – folgende Grundüberlegungen maßgebend:

- Das Geschenk soll keinen großen materiellen Wert darstellen. Der Empfänger soll es als Aufmerksamkeit empfinden, nicht als Bestechungsversuch. Für größere Mengen Werbegeschenke sollte der Preis pro Stück deutlich unter 5,– DM liegen.
- Das Geschenk soll dem Empfänger Freude bereiten. Dabei ist es weniger von Bedeutung, ob es sich um einen praktischen Gegenstand wie z. B. einen Kalender oder um ein reines Vergnügen handelt, wie z. B. ein Buch.
- Das Geschenk muß unbedingt einen Bezug zu Ihrem Betrieb oder zu Ihrer Branche haben. Es soll in irgendeiner Weise „typisch" sein. Für Maler- und Lackiererbetriebe würden sich beispielsweise Kunstkalender besser eignen als solche mit Landschaften.
- Versuchen Sie, möglichst originelle Ideen zu finden. Denken Sie jedoch daran, daß das Geschenk Ihrem Kunden gefallen muß, nicht Ihnen.
- Seien Sie nicht enttäuscht, wenn Ihr Kunde das Werbegeschenk weiterverschenkt. Den Werbeerfolg haben Sie auf jeden Fall.

– Vergessen Sie möglichst niemanden in Ihrer Geschenkkartei. Ich habe es erlebt, daß ein Kunde sich in ironischem Tonfall beschwerte, weil er von einem anderen Kunden gehört hatte, daß dieser ein Geschenk erhielt.

Fachwissen, Technik und Einsatz

Lieferanten für Geschenkartikel finden Sie im Branchenadreßbuch. Origineller aber sind meist Geschenke, die nicht aus den üblichen Katalogen kommen. Sie finden Ideen in Läden, auf Messen oder auch in den Anzeigen von Zeitschriften.
Werbegeschenke können Sie steuerlich absetzen. Der Höchstsatz beträgt zur Zeit (Stand 1990) 70,– DM ohne Mehrwertsteuer.
Ein Werbeaufdruck sollte sein, damit sich der Beschenkte auch an Ihren Betrieb erinnert. Verunzieren Sie Ihr Geschenk jedoch nicht damit. Der Aufdruck sollte sehr diskret aufgebracht sein. Wenn man darauf verzichten will, könnte man auch eine Karte beilegen.
Rechtlich können Sie Geschenke in beliebiger Kostenhöhe machen, sofern diese Gaben nicht als Bestechung gewertet werden können. Nach § 12 UWG wird bestraft, wer zu Zwecken des Wettbewerbs Angestellten eines Betriebes Geschenke anbietet, um eine Bevorzugung für sich zu erlangen. Das gilt nicht für die „üblichen" Aufmerksamkeiten.
Überlegen Sie auch, zu welchen Anlässen Sie Geschenke machen. Geburtstagsgeschenke wirken viel mehr als Geschenke zu Weihnachten, wenn ohnehin die Flut der Geschenke rollt. Wenn Sie Weihnachtsgeschenke machen wollen, sollten Sie sie sehr früh, z. B. zu Nikolaus, versenden.

Ideen und Beispiele

– Kunstkalender von Kalenderverlagen
– Standardkalender Ihres Verbandes
– Taschen- und Schreibtischkalender
– Notizblöcke
– Schreibtischutensilien aller Art
– Gedulds- und Geschicklichkeitsspiele

- Bücher, Bücher, Bücher
- Autoutensilien
- Schallplatten, Musikkassetten (Vorsicht mit Geschmacksfragen)
- Faksimiledrucke alter Stiche
- Vasen und andere Wohnutensilien für private Kunden (wegen der unterschiedlichen Geschmäcker relativ neutral)
- Lederartikel wie Portemonaies
- Spielzeug für Erwachsene
- Taschenmesser (Vorsicht: Manche Menschen sind da abergläubisch)
- Ausgefallene Streichholzschachteln
- Kugelschreiber in originellem Design
- Alkoholika sind für viele nicht sehr interessant, außerdem schwierig zu versenden
- Schals, Krawatten oder ähnliche Textilien sind so sehr Geschmacksfrage, daß man das Risiko meiden sollte
- Elektronikgeräte wie Wecker, Taschenrechner usw.

8.10 Ladenwerbemittel

Charakteristik und Aufgaben

Alle Werbemittel, die in oder vor dem Laden oder im Schaufenster für Werbung oder Verkaufsförderung eingesetzt werden, fallen in diese Gruppe. Dazu gehören sowohl die üblichen Mittel wie Ladenplakate, Deckenhänger, Preisschilder, Hinweis- und Informationsschilder als auch Stopper vor dem Laden und Dekorationsmittel. Im weiteren Sinne sind auch individuell gestaltete Verpackungsmaterialien Ladenwerbemittel.
Selbstverständlich müssen sie in Ihr Konzept und zu Ihrem Image passen. Wie alle Werbemittel sollen sie voll durchgestaltet sein.

Notdürftig handgeschriebene Zettel und Pappen erzeugen das Gegenteil der gewünschten Zielsetzung.
Die Wirkung von Ladenwerbemitteln können Sie durch folgende Effekte erhöhen:

- Bewegung, z. B. in Form von Mobiles oder angetrieben mit Elektromotoren.
- Licht, indem Sie Lichtspots auf Waren richten oder sie als Leucht-Großdia plazieren.
- Bilder auf großflächigen Mitteln, wie z. B. Plakate. Da Sie nur wenige Exemplare brauchen, können Sie auch große Fotoabzüge bestellen und diese aufkleben.
- Dreidimensionale Dekorationen sind auffälliger und ansprechender als Plakate.
- Ladenwerbemittel sollen gut sichtbar plaziert werden. Vor dem Laden am besten quer zur Laufrichtung.
- Verpackungsmaterial hat mehr werblichen Effekt, wenn es auch Informationen enthält, z. B. auf Tütenrückseiten. Verpackung kann viel mehr, als nur Ware transportfähig zu machen und zu schützen. Menschen, die mit Ihren Tragetaschen herumlaufen, sind auch eine Art Werbeträger.

Fachwissen, Technik und Einsatz

Ladenplakate:
Sie sind in der Herstellung oft teuer, weil sie farbig sein sollten, großflächig und aus relativ stabilem Material sind.
Am günstigsten ist es, wenn Sie für einen Jahresbedarf oder mehr eine farbige Rahmengestaltung vordrucken lassen und die Texte handschriftlich einfügen. Handschrift wirkt aktueller und interessanter als Druckschrift, allerdings sollte sie großzügig, mit sehr breiten Stiften geschrieben sein. Freiberufliche Dekorateure übernehmen für einen Stundenlohn von 20,– DM bis 30,– DM solche Arbeiten.
Die gängigen Formate für Ladenplakate sind DIN A2, wenigstens DIN A3. Wenn Sie sie außen plazieren wollen (auf Ständern), ist

DIN A1 besser geeignet. Drei bis fünf Plakate können Sie im Innenraum ohne weiteres unterbringen.

Deckenhänger:
Sie sollten eine Auswechselmöglichkeit für aktuelle Angebote besitzen. Querformate sind günstiger als Hochformate. Für dauerhafte Deckenhänger ist auch Kunststoff, den man säubern kann, ein gutes Material.

Preisschilder:
Sie müssen wie alle Ladenwerbemittel einheitlich sein und ein Minimum an Gestaltung, z. B. Ihren Firmenschriftzug, tragen.
Bei häufigem Preiswechsel empfehlen sich abwaschbare Preisschilder.

Hinweis- und Informationsschilder:
Sie können z. B. auf Serviceleistungen aufmerksam machen. Im Prinzip und wenn Platz ist, kann man hierfür auch Ladenplakate verwenden. Da sie aber mehr Text tragen, kann man auch an sehr breite oder schmale hohe Formate denken.

Dekorationen:
Sie machen viel Arbeit, wenn sie maximale Wirkung erzielen sollen. Sie müssen regelmäßig gewechselt werden, wenigstens monatlich, um aktuell und interessant für die Passanten zu bleiben.
Zubehör gibt es in Dekorationsläden oder auch über Kataloge entsprechender Firmen. Das Branchenverzeichnis des Telefonbuchs gibt hierüber Auskunft.
Auch die Industrie stellt Deko-Mittel zur Verfügung, gelegentlich sogar mit einem Dienst, der sie aufbaut. Wenn sonst niemand in Ihrem Hause über Geschick bei Dekorationen verfügt, sollten Sie einen freiberuflichen Dekorateur beauftragen. Viele von ihnen besitzen auch einen Fundus an Requisiten.
Jede Dekoration braucht einen auffälligen Blickfang. Dreidimensionalität und Licht tragen hierzu bei. Scheinbare Dreidimensionalität erreicht man schon dadurch, an sich plane Drucke wie z. B. Plakate auszuschneiden.

Stopper vor dem Laden:
Das können Plakattafeln, aber auch Markisen, Hänger an Überdächern oder Gegenstände sein. Es geht immer darum, die glatte Ladenfront zu durchbrechen. Damit der Passant nicht einfach vorbeigeht, sondern sein Blick zum Laden gerichtet wird.
Manchmal reicht es, von außen kleinere Gegenstände wie z. B. Prospektspender an die Scheibe zu kleben.
Besonders auffällig sind Warenständer mit Sonderangeboten oder Dekorationen wie Schubkarren mit Blumen, Pappfiguren oder gar Schaufensterpuppen.

Verpackungsmaterial:
Es ist leider teurer, wenn es individuell hergestellt wird. Die Gestaltungsmöglichkeiten sind durch die speziellen Druckverfahren oft eingeengt. Flächige Abbildungen und nicht zu zarte Schriften lassen sich besser wiedergeben als andere.
Manche Verpackungsfirmen liefern Gestaltung als kostenlosen Service. Vorsicht jedoch, daß diese in Ihr Konzept paßt und daß Sie nicht urheberrechtlich auf Dauer an diesen Lieferanten gebunden sind.

Selbstverständlich können in diesem Rahmen nicht alle Werbemittel, die ein Handwerksbetrieb verwenden kann, detailliert abgehandelt werden. Bei Unsicherheiten in dem einen oder anderen Gebiet empfiehlt es sich, Fachleute zu Rate zu ziehen oder das Gespräch mit Kollegen zu suchen, die bereits Erfahrungen hierin gesammelt haben. Es ist immer besser, gründlich zu recherchieren, bevor man sich eventuell in unnütze Zeit- und Kostenaufwendungen stürzt.

9. Mitarbeitermotivation

9.1 Leitfaden

In der Bundesrepublik befinden wir uns in einer paradoxen Situation: Trotz der relativ hohen Arbeitslosigkeit ist es für viele Branchen schwer, geeignete Mitarbeiter und Auszubildende zu finden. Sehr gute, qualifizierte Mitarbeiter – echte Fachleute – zu finden, grenzt vielerorts bereits an einen Glücksfall.
Handwerksbetriebe bilden hier keine Ausnahme, ganz im Gegenteil. Einige Berufe besitzen auch keine hohe Anerkennung als Berufsziel für junge Leute, so z. B. Maler oder Schreiner. Die Arbeit ist vergleichsweise schmutzig, Baustellen sind unangenehme Arbeitsplätze, und Arbeiten auf Gerüsten scheuen viele. In der Gastronomie und bei Bäckern verschrecken die Arbeitszeiten. Mitunter zahlt die Industrie auch deutlich besser.
In bezug auf das Personal ergeben sich für Handwerksbetriebe aus dieser Situation eine Reihe existentiell wichtiger Aufgaben:
- Gute Mitarbeiter müssen dringend gehalten werden.
- Zum Nutzen aller müssen alle Mitarbeiter zu intensiverer und verbesserter Leistung motiviert werden.
- Weniger gute Mitarbeiter sind auf ein Niveau zu bringen, das wenigstens durchschnittliche Leistung gewährleistet.
- Aus den wenigen auf den Markt gelangenden Arbeitskräften müssen die besten für den eigenen Betrieb als neue Mitarbeiter und Auszubildende gewonnen werden.
- Auszubildende sind so zu motivieren, daß sie dem Betrieb nach Lehrabschluß treu bleiben.

Die Lösung dieser Aufgaben basiert in allen genannten Fällen auf dem gleichen Grundgedanken. Alle müssen aktiv und systematisch motiviert werden. Und zwar immer wieder neu, mit großer Kontinuität. Diese Arbeit ist eine echte Marketing-Tätigkeit: Personal-Marketing.
Das Personalmarketing ist inzwischen praktisch ebenso erforscht und methodisiert wie das Absatzmarketing, mit dem sich dieses

Buch in der Hauptsache beschäftigt. Es steht umfangreiche Literatur zur Verfügung, und es werden auch Kurse angeboten. Da das Handwerk so sehr abhängig von seinen Mitarbeitern ist, sollen in diesem Kapitel jedoch die wichtigsten Kriterien aufgezeigt werden.

Voraussetzung für das Finden und vor allem Halten guter Mitarbeiter ist deren innere, persönliche Bindung an den Betrieb. Es muß ein „Wir"-Gefühl entstehen, ein echtes Zugehörigkeitsdenken zum Betrieb, in dem man arbeitet. Bei neuen Mitarbeitern ist der eindringliche Wunsch zu erzeugen, in diese Gemeinschaft einbezogen zu werden. Hieraus entspringt die Loyalität, die die Mitarbeiter alle angebotenen Aktivitäten gern und interessiert aufgreifen läßt.

Handwerksbetriebe des Baugewerbes haben es in dieser Hinsicht viel schwerer als fast alle anderen Handwerksbetriebe. Es existiert im Prinzip ja kein produzierender Betrieb, in dem man sich trifft und gemeinsam wenigstens zeitweise arbeitet. Der Betrieb besteht im wesentlichen normalerweise aus einem Lager und einem Büro. Die Mitarbeiter arbeiten außerhalb des Betriebes auf wechselnden Baustellen. Viele – vor allem bei größeren Betrieben – kennen ihre Firma kaum. In dieser Situation ist es schwer, ein Wir-Gefühl zu entwickeln. Seitens der Betriebsleitung muß in der Hinsicht kräftig nachgeholfen werden.

In anderen Handwerksbereichen ist die Situation wesentlich günstiger. Hier gibt es einen gemeinsamen Arbeitsplatz. Und es besteht jeden Tag die Chance, auch mit Büro und Geschäftsleitung zusammenzukommen. Mitarbeitermotivation ist deshalb trotzdem unerläßlich, nur kann man einfachere Mittel einsetzen.

Aller Motivation liegen die gleichen Hauptprinzipien zugrunde:

- Lassen Sie Ihre **Mitarbeiter am Erfolg des Betriebes teilhaben**

– materiell, durch finanzielles Mitprofitieren

– immateriell, durch Anerkennung und Lob.

Die Motivationsmerkmale lassen sich selbstverständlich noch genauer differenzieren (siehe Kapitel 9.3). Die Bedeutung der Einzelkriterien ist sehr unterschiedlich, je nachdem ob es sich um Führungskräfte, Ausführende, Auszubildende oder Büropersonal handelt.

Um es noch einmal kurz zu verdeutlichen: Das Wichtigste an der Mitarbeiter-Motivation sind Systematik und Kontinuität. Eine „Schwalbe" (z. B. ein Weihnachtsfest) macht hier wie überall noch keinen Sommer. Planen Sie daher die Aktivitäten für ein Jahr vor. Und kontrollieren Sie regelmäßig, ob Sie den Plan auch wirklich realisiert haben.

9.2 Was ist Führung?

Führung ist immer ein kompromißvolles Handeln zwischen gegensätzlichen Einstellungen. Einige wichtige Gegensatzpaare sollen hier beschrieben werden. Das richtige Verhalten liegt jedoch nicht immer in der Mitte zwischen zwei Gegensätzen.
Je nach Art und Funktion des Mitarbeiters (z. B. ob Ausführender oder Führungskraft) und je nach Betriebsziel und Aufgabenstellung kann die Entscheidung mehr zur einen oder zur anderen Seite tendieren.

- *Dynamik gegen Beharren*

Die Entwicklung darf nicht stillstehen. Erfolg und auch Unsicherheit verleiten aber dazu, nach dem Motto zu handeln „Das haben wir schon immer so gemacht". Auf diese Weise wird der Anschluß an die sich entwickelnden Ansprüche des Marktes verpaßt. Auf der anderen Seite führt „Veränderung um jeden Preis" zu kostenaufwendigen und verunsichernden Experimenten. Von Führungskräften muß mehr Entwicklungs- und Erneuerungsfähigkeit erwartet werden als von Ausführenden. Aber auch diese müssen bereit sein, gut geprüfte, neue Wege mitzugehen.

- *Selbständigkeit gegen Gehorsam*

Wer mitdenkt, Ziele und Zusammenhänge begreift, kann auch selbständig handeln. In allzuviel Selbständigkeit liegt jedoch die Gefahr, daß die übergeordneten gemeinsamen Ziele aus den Augen verloren werden. Vollständiger Gehorsam führt zu stumpfer Mechanik und Routine in der Ausführung. Die Mitarbeiter verlieren die Fähigkeit, Besonderheiten zu erkennen, sich auf individuelle Situationen und Kunden einzustellen. Führungskräfte müssen unbedingt selbständig arbeiten können, unterliegen jedoch auch den Richtlinien der Firmendisziplin. Ausführende dürfen nicht nur gehorchen, sondern sie sollen ebenfalls Erfordernisse erkennen können, und – im Rahmen ihrer Kompetenz – plötzlich sich stellende Aufgaben lösen.

- *Individualität gegen Anpassung*

Mitarbeiter aller Funktionen lassen sich besonders gut motivieren, wenn möglichst differenziert auf die einzelne Persönlichkeit eingegangen wird. Wenn Tätigkeiten und Aufgabengebiete ganz speziell auf jeden zugeschnitten sind. Aber auch diese Behandlung kann zu unwirtschaftlichen Auswüchsen führen.
Es gibt nun einmal Arbeiten, die keiner gern tut, die aber unbedingt erledigt werden müssen. Sowohl von Führungskräften wie von Auszuführenden kann und muß daher auch die Bereitschaft verlangt werden, sich notwendigen Anforderungen anzupassen. Genauso wie die Fähigkeit, die eigene Person mit der persönlichen Meinung gegenüber den Kunden in den Hintergrund treten zu lassen. Vor lauter Individualität darf das Ziel des gemeinsamen betrieblichen Erfolges nicht aus den Augen gelassen werden.

- *Persönlicher Vorteil gegen Gemeinwohl*

Jeder Mensch strebt nach persönlichen Vorteilen: Materielle Vorteile in Form von Geld oder Sonderleistungen der Firma und immaterielle in Form von Auszeichnung und sozialem Aufstieg gegenüber den anderen Mitarbeitern. Beides sind tatsächlich sehr starke Motivationsfaktoren, die zu hoher Leistung anspornen. Im Extremfalle führen sie jedoch zur Rücksichtslosigkeit. Der totale Wettbewerb innerhalb der Betriebsmitglieder demotiviert die Schwächeren und läßt bei den Siegern Überheblichkeit entstehen. Der goldene Weg liegt für alle Mitarbeiter etwa in der Mitte. Es sollte die Möglichkeit bestehen, auch persönlich zu profitieren, immer aber muß der Gedanke an das Gemeinwohl betont werden. Das Gemeinwohl kommt auch Schwächeren zugute, alle profitieren. Und: Jeder Betrieb ist nur so gut, wie seine schwächsten Mitarbeiter.

- *Fachkompetenz gegen Führungskompetenz*

Muß der Vorgesetzte wirklich fachlich besser sein als seine Mitarbeiter? Muß er fachlich mehr wissen oder sollte er in der Hauptsache führen können, organisieren, planen, denken, anweisen, Menschen motivieren?
Wie bei allen Gegensatzpaaren liegt die Lösung der Frage irgendwo zwischen beiden Extremen. Natürlich muß der Vorgesetzte führen können. Aber er muß auch fundierte Fachkenntnisse besitzen. Allerdings nicht bis ins letzte Detail. Spezialwissen in Einzelheiten kann delegiert werden. Der Vorgesetzte muß jedoch so viel davon verstehen, um Fehler zu erkennen und Lösungsansätze zu finden. Um in Zweifelsfällen die richtige Entscheidung zu treffen bzw. zu sehen, ob weitere Informationen eingeholt werden müssen. Um auch die Leistungen seiner Mitarbeiter gerecht beurteilen zu können.

- *Kreativität gegen Routine*

Nur aus der Kreativität, nicht aus dem Routinedenken können neue Ideen entstehen, die der Betrieb zu seiner Entwicklung braucht. Es ist daher wünschenswert, wenn Mitarbeiter kreativ denken können, und sei es nur im kleinen Detailbereich.
Allzu viele neue Ideen führen jedoch zu Unsicherheit und Verworrenheit. Kreativität sollte daher der Unternehmensphilosophie und den Zielen folgen. Ideen, die hier nicht hineinpassen, sind unbrauchbar. Kreativität muß also gesteuert werden. Dazu gehört aber, daß alle Mitarbeiter die Ziele (auch die Imageziele) kennen. Von Führungskräften muß mehr Kreativität verlangt werden als von Ausführenden. Jedoch sollten neue, zielorientierte Ideen auch aus diesem Kreis hochwillkommen sein und von seiten der Führungskräfte entsprechende Ermunterung zu Ideen erfolgen. Die Art der Ideen sollte sich mehr auf die jeweilige eigene Tätigkeit beziehen,

weniger auf die Tätigkeit anderer Abteilungen oder Personen. So kann z. B. auch ein Lagerverwalter kreativ sein, wenn ihm praktische Lösungen zur Lagerhaltung und Nachbestellung einfallen.

9.3 Motivationskriterien

Nicht alle Mitarbeiter lassen sich auf die gleiche Weise motivieren bzw. nicht für alle sind die genannten Motivationen gleich bedeutsam.

Neben materiellen Vorteilen gilt für alle jedoch, daß Anerkennung in Form von Lob oder Auszeichnungen außerordentlich wichtig ist. Durch Anerkennung wird der einzelne Mitarbeiter in seinem persönlichen Selbstwert- und Geltungsbewußtsein gestärkt. Anerkennung ist gewissermaßen der Profit für das seelische Gleichgewicht. Ganz wichtig ist jedoch folgende Erkenntnis:

Aus sattem Behagen entsteht kein Antrieb. Vollständige Zufriedenheit erzeugt keine Motivation. Rundum glückliche Mitarbeiter sind nicht motivierbar. Nur noch nicht erreichte Ziele und Bedürfnisse – persönliche sowie betriebliche – regen zu besseren Leistungen und neuen Energien an.

Hier nun die wichtigsten Mittel, mit den Mitarbeiter motiviert werden können:

Lob/Anerkennung

Das Lob sollte immer so konkret und persönlich wie möglich gehalten werden. Das heißt, es muß sich auf eine ganz bestimmte gute Leistung des betreffenden Mitarbeiters beziehen. Falsch wäre, es allgemein zu halten: „Sie sind ein guter Mitarbeiter." Besser (Beispiel): „Daß Sie Frau Müller statt der Rauhfasertapete für ihr Wohnzimmer die wertvollen XY-Tapeten haben schmackhaft machen können, war eine sehr gute Idee."

Lob in Gegenwart anderer Mitarbeiter wirkt besonders stark. Nur Vorsicht: Tragen Sie nicht zu dick auf, das wird peinlich. Und stellen

Sie den Gelobten nicht allzusehr als leuchtendes Vorbild für die anderen heraus – dadurch bekommt er Feinde.
Lob kann spontan erfolgen. Richtig ist aber auch, es zu planen. Überlegen Sie, wen Sie lange nicht gelobt haben, und suchen Sie gezielt nach Anlässen für die nächste konkrete Lob-Möglichkeit.

Kritik

Kritik ist für die meisten Menschen nur schwer zu ertragen. Sie führt leicht zu Aggressionen oder bei Schwachen zu Depressionen.
Trotzdem muß Kritik mitunter sein, um Fehler zu korrigieren oder Verbesserungen durchzusetzen.
Folgende Methoden können der Kritik die ärgerliche Spitze abbrechen, ohne daß sie ihre Wirksamkeit einbüßt:

- Formulieren Sie die Kritik als Frage (aber aus scheinbar echtem Interesse, nicht provokativ) und lassen Sie den Mitarbeiter die Lösung selbst finden.
  Beispiel: „Was hätten wir wohl tun können, daß Frau Müller sich doch für die teure Ware entscheidet?"
- Verbinden Sie Kritik mit Lob.
  Bei harter Kritik ist es eine geschickte Taktik, sie zwischen zwei Lobe einzupacken.
- Kritisieren Sie keinesfalls öffentlich, vor anderen Mitarbeitern oder vor Kunden.
- Kritisieren Sie rein sachlich. Enthalten Sie sich jeglicher Gefühlsausbrüche oder gar persönlicher Abwertung. Zählen Sie lieber erst einmal langsam bis zehn, wenn Sie merken, daß Ihnen gleich der Kragen platzen wird.
- Gewöhnen Sie sich an, Kritik immer mit konstruktiven Vorschlägen zu verbinden und erwarten Sie dieses Verhalten auch von Ihren Mitarbeitern.

Leistungsziele

Stellen Sie Ihren Mitarbeitern konkrete Aufgaben, deren Erfüllung eindeutig aus dem Rahmen üblicher Routinearbeit fällt. Setzen Sie die Maßstäbe dabei jedoch nicht zu hoch an. Unerreichbare Ziele wirken nur demotivierend. Teilen Sie ein Endziel lieber in kleinere Etappen auf. Die Lösung der Aufgaben, das Erreichen des Zieles müssen belohnt werden, durch Lob und/oder materiellen Gewinn. Aus Untersuchungen hat sich ergeben, daß dieser Weg für Führungskräfte die stärkste Motivation überhaupt ist.

Geld

Geld rangiert in der Wertvorstellung der meisten Menschen sehr weit oben. Neben dem Lob und den Leistungszielen für Führungskräfte ist es der stärkste Motivationsfaktor überhaupt.
Für Ausführende bedeutet Geld die Befriedigung materieller Bedürfnisse. Für Führungskräfte ist Geld eher ein äußeres Zeichen der Anerkennung.
Lassen Sie Ihre Mitarbeiter also vom finanziellen Erfolg der Firma profitieren.
Einige Methoden hierfür nenne ich Ihnen unter Punkt 9.6 dieses Kapitels.

Weiterbildung/Schulung

Alle Arten von Schulungen, die vom Betrieb ausgehen, sind hervorragende Motivationsmittel. Sie verstärken in besonderer Weise das „Wir“-Gefühl, den Teamgeist und die loyale Einstellung zur Firma. Schulungen haben also nicht nur den Vorteil, Kenntnisse zu vermitteln und dadurch die Leistung zu verbessern. Mindestens ebenso wichtig ist ihre Wirkung auf die Psyche.
Die schon erwähnte Untersuchung hat erwiesen, daß Weiterbildung für Führungskräfte als Motivation fast ebenso hoch gewertet wird wie Leistungsziele.
Jede Weiterbildung und Schulung hat zwei große Vorteile. Zum einen wird Fachwissen vermittelt, das dem Betrieb bei zukünftigen Aufträgen nützlich ist. Genauso wichtig ist jedoch die motivierende Wirkung auf die betroffenen Mitarbeiter. Die innere Beziehung zum eigenen Betrieb wird erheblich gestärkt.
Im Verlaufe eines Jahres sollte jeder Mitarbeiter Gelegenheit haben, an Schulungsveranstaltungen teilzunehmen. Ganz falsch wäre es,

nur die Besten (als eine Art Belohnung) weiterzubilden. Besonders nötig haben es gerade die nicht so starken Mitarbeiter.
Weiterbildung kann sowohl intern als auch extern erfolgen, das heißt, im Betrieb selbst als auch an Fachschulen, frei abgehaltenen Seminaren, Lieferantenseminaren usw. Bei internen Schulungen ist es eher möglich, auch schwächere Mitarbeiter einzubeziehen. Interne Schulungen verstärken das Wir-Gefühl außerdem mehr als externe.
Regelmäßige Weiterbildung der Mitarbeiter sollte zum festen Planungsbestandteil der Jahresvorhaben gehören. Es ist sinnvoll, sich ein kleines Programm mit System zu überlegen. Mindestens zwei bis maximal sechs Schulungen pro Jahr sind für ein Programm richtig. Bei weniger Schulungen läßt sich der Stoff nicht mehr aufeinander aufbauen. Mehr als sechs Schulungen würden das Personal überfordern.
Man muß wissen, daß die Wirkungsdauer des Inhalts einer Schulung nach wenigen Monaten wieder nachläßt. Das Erlernte muß deshalb im Anschluß auch praktiziert und geübt werden. Prämiensysteme im Anschluß an Schulungen (Laufzeit zwei bis drei Monate) tragen erheblich dazu bei, die Inhalte nachhaltig einzuprägen. Als günstig hat sich erwiesen, auch bei internen Schulungen ab und zu Referenten von außerhalb heranzuziehen. Selbst wenn sie nichts anderes erzählen, als Sie selbst es Ihren Mitarbeitern schon zwanzigmal gesagt haben, die Wirkung ist stärker. Der Prophet gilt nun einmal nicht so viel im eigenen Lande.
Weiterbildungs- und Schulungszeit muß als Arbeitszeit angerechnet werden. Die Teilnahme ist Pflicht, auch wenn die Mitarbeiter bei den ersten Schulungen noch Hemmungen haben. Ein guter Referent löst diese sofort auf.

Image des Betriebes

Für alle Mitarbeiter, besonders aber für Führungskräfte ist es wichtig, in einer „angesehenen“ Firma zu arbeiten. Mitglied eines Betriebes mit einem guten Image in der Öffentlichkeit zu sein, vermittelt Prestige bei Außenstehenden.

Stellung in der Firma und Aufstiegsmöglichkeiten

Vor allem Führungskräfte und Führungsnachwuchs lassen sich durch den Rang, den sie in der Firma besitzen oder zu dem sie (in konkret absehbarer Zeit) aufsteigen können, stark motivieren. Rang und Aufstieg sind Kennzeichen von Macht. Macht ist neben Geld der stärkste Antriebsfaktor überhaupt. Bitte betrachten Sie den Begriff „Macht" hier ganz wertneutral. „Macht" befriedigt das Geltungsbedürfnis und liefert Anerkennung bzw. Prestige im persönlichen sozialen Umfeld (z. B. in der Familie, in einem Verein, bei Nachbarn etc.).
Dabei ist „Macht" nicht im Sinne echter Machtausübung zu verstehen. Der Anschein von Macht genügt meistens.
Es ist kein Zufall, daß es in vielen amerikanischen Firmen endlose Ketten von Rängen mit damit verbundenen Titelbezeichnungen gibt. So weit brauchen Sie es nicht gehen zu lassen. Aber eine Skala in mehreren kleineren Schritten (verbunden mit Bezeichnungen) läßt sich auch in kleineren Betrieben realisieren. In Kleinstbetrieben ist das schwieriger.
Beispiele:
Geselle, Vorarbeiter, Erstgeselle, Meister, Hauptmeister, Erstmeister, erweiterte Geschäftsleitung, Abteilungsleiter, Chefstellvertretung, Prokurist (kann eingeschränkt werden) etc.

Sozialleistungen

Gemeint sind freiwillige, materielle Sonderzuwendungen der Firma wie z. B. Essenszuschüsse, Fahrtkostenzuschüsse, Firmenkredite, Wohnungskostenzuschüsse, Firmenauto etc.
Wie Geld motivieren sie stärker ausführende Mitarbeiter im unteren sozialen Bereich als Führungskräfte.

Sicherheit des Arbeitsplatzes

Dieser Motivationsfaktor wirkt ebenfalls stärker auf Ausführende und auf die psychisch weniger sicheren Mitarbeiter.

Ganz ausgenommen von diesem Motiv sind aber auch Führungskräfte nicht, vor allem in fortgeschrittenem Alter.
Sie sollten es sich daher angewöhnen, wenigstens einmal jährlich (z. B. anläßlich einer Feier) einen Erfolgsbericht zu geben, der allen bestätigt, daß die Arbeitsplätze gesichert sind und erhalten bleiben. Dies gilt besonders, wenn Kurzarbeit oder Entlassungen erforderlich wurden. Zeigen Sie Perspektiven auf.

Arbeitsklima/Betriebsklima

Gemeint ist hiermit der innere „Geist“ der Firma. Er entsteht durch mehrere Faktoren: ein ausgeprägtes Wir-Gefühl, die Zufriedenheit, gerade diesem Betrieb anzugehören, durch das Verhältnis der Mitarbeiter zueinander und durch den Führungsstil. Auch das Image der Firma nach außen trägt zum Betriebsklima bei.
Stimmen diese Faktoren, spielen die äußeren Arbeitsbedingungen oder z. B. die Betriebsgebäude eine nur untergeordnete Rolle.
Das Betriebsklima läßt sich durch interne Kommunikationsmittel und durch die schon genannten Motivationskriterien sowie eine Änderung in den Führungsprinzipien verbessern.

Arbeitsbedingungen

In diesem Punkt geht es im Gegensatz zum Betriebsklima um die äußeren Gegebenheiten der Arbeit.
Beispiele: Bürotechnik, sonstige technische Mittel, Büroausstattung, Sozialräume, sanitäre Verhältnisse auf Baustellen, Ladenausstattung usw. Gestatten Sie z. B. in Büros ruhig persönliche Utensilien wie Bilder, Blumentöpfe usw.

Freizeit/Sonderurlaub

In Fällen weitgehend befriedigter materieller Bedürfnisse ist Freizeit in Form von Sonderurlaub oftmals motivierender als Geld. Gemeint ist hiermit aber nicht Ausgleichszeit für Überstunden, sondern tatsächlich zusätzliche freie Zeit.
Sie können diese Freizeit Führungskräften oftmals gewähren, ohne

daß irgendeine wesentliche Arbeit liegenbleiben muß. Gute Mitarbeiter holen die Zeit von selbst wieder ein.

Information

Ausreichend informiert zu werden ist eine der wichtigsten Voraussetzungen für den sachlichen Erfolg, aber auch für die persönlich befriedigende Zusammenarbeit: Besser mit der Aufgabe fertig zu werden und besser mit anderen zurechtzukommen.
Durch Information entsteht Vertrauen statt Mißtrauen, Solidarität und mitverantwortliches Denken statt Resignation.
Information = Mitwissen
Mitwissen = Mitdenken
Mitdenken = Solidarität

9.4 Hilfsmittel für die Motivation

Das Mitarbeiter-Gespräch

Das Gespräch hat sich als wichtigstes Mittel zur Motivation von Mitarbeitern erwiesen. Das gilt für alle Personalschichten des Betriebes, von der Führungskraft bis zum Lehrling.
Leider sind Gespräche auch die aufwendigsten Hilfsmittel. Sie kosten zwar nicht direkt Geld, dafür aber sehr viel kostbare Managementzeit. Mitarbeitergespräche sollten daher sorgfältig geplant und kontinuierlich nach einem System durchgeführt werden.
Es ist nicht notwendig, alle Gespräche als Einzelgespräche zu führen, wenn dies auch die intensivste Form darstellt. Aus Zeitgründen sollten Einzelgespräche vor allem mit Führungskräften und in schwierigen Fällen erfolgen.
Einmal jährlich müßte jedoch jeder Mitarbeiter die Möglichkeit zu einem Einzelgespräch haben. In kleineren und mittleren Handwerksbetrieben direkt mit dem Chef. In größeren Betrieben kann diese Aufgabe auch an einen Vorgesetzten delegiert werden. Wobei es wirksamer ist, wenn es sich nicht um den unmittelbaren Vorge-

setzten handelt, sondern um den, der noch eine Stufe davor rangiert.
Ein guter Anlaß für Einzelgespräche sind jährliche Beurteilungen. Auf sie wird in der Folge noch näher eingegangen.
In mittleren und größeren Handwerksbetrieben haben auch Gruppengespräche viel Sinn. Die Gruppe kann entweder aus mehreren gleichrangigen Personen zusammengesetzt sein (z. B. Abteilungsleiter, Meister oder Lehrlinge), oder sie kann ein komplettes Team umfassen, das gemeinsam an einem Auftrag arbeitet.
Bei Gruppengesprächen ist es sehr wichtig, das Gesprächsthema und das erwünschte Ziel des Gespräches vorzugeben. Die Gesprächsrunde artet sonst sehr schnell zu einer allgemeinen Meckerstunde oder zu einem „Klatschclub" aus.
Die Gruppe ist in ihrer Größe zu begrenzen. Kleine Gruppen bis zu höchstens acht bis zehn Personen sprechen konstruktiver miteinander als große Gruppen. In großen Gruppen hat man sofort mit gruppendynamischen Problemen zu tun, z. B. entwickeln sich Führerpersonen. Das ist dem Gesprächserfolg sehr abträglich, denn jeder sollte zu Wort kommen.
Kommt das Gruppengespräch nicht recht in Gang, so ist es nützlich, zunächst eine einfachere Frage schriftlich beantworten zu lassen. Die Antworten werden nicht eingesammelt, sondern vorgelesen, so daß jeder sich einmal etwas freigesprochen hat.

Job Description (Stellenbeschreibung) und Beurteilung

Mit diesem amerikanischen Fachausdruck ist eine sehr genaue Beschreibung der einzelnen Arbeitsstelle gemeint. Für Mitarbeiter gleicher Funktion und Tätigkeit lassen sich vereinheitlichte Beschreibungen herausgeben. Bei Führungskräften ist dies in den meisten Handwerksbetrieben kaum möglich. Zu viel hängt von wechselnden Anforderungen an den Betrieb und von dessen Weiterentwicklung ab.
Die „Job Description" sollte sich detailliert auf folgende Bereiche beziehen:

- Ausbildung
- fachliche Qualifikation
- sonstige Kenntnisse
- Verantwortungsbereiche
- Führungsfähigkeiten
- Einsatzbereitschaft
- Belastbarkeit in schwierigen Situationen
- Anpassungsfähigkeit bzw. individuelle Eigenschaften
- Beratungsfähigkeit bzw. Verhalten gegenüber dem Kunden
- Eigeninitiative und selbständiges Arbeiten
- Entscheidungsbereitschaft
- Kooperationsbereitschaft (mit anderen Firmenmitgliedern)
- Loyalität (Einstellung zur Firma)
- Hilfsbereitschaft gegenüber Schwächeren
- Verhalten gegenüber Vorgesetzten
- äußeres Erscheinungsbild (Kleidung, Gepflegtheit)
- Fähigkeit zur Sympathiebildung
- Sonstiges.

Die Beschreibung dient einerseits als Unterlage für **Einstellungsgespräche.** Sie kann gleichzeitig auch für eine jährliche **Beurteilung** eingesetzt werden.
Im Beurteilungsgespräch werden die Einstellungsunterlagen bzw. die Beurteilungen der Vorjahre als Unterlagen herangezogen. Es wird festgestellt, welche Abweichungen sich in positiver und negativer Hinsicht ergeben haben. Diese **müssen** mit dem Mitarbeiter besprochen werden. Falls ein Betriebsrat besteht, so sind die Beurteilungen gegebenenfalls mit diesem abzusprechen, oder er sollte anwesend sein. Dies ist um so notwendiger, wenn sich aus der Beurteilung negative Folgen für den Mitarbeiter ergeben.

Interne Kommunikationsmittel

Wird unter Punkt 9.5 detailliert beschrieben.

Betriebsversammlungen, Feste, Veranstaltungen

Interne Veranstaltungen aller Art wirken ebenfalls stark motivierend. Sie tragen erheblich zum Wir-Gefühl bei.
Die meisten Betriebsinhaber betrachten sie jedoch mit eher gemischten Gefühlen. Es muß verhindert werden, daß sie exzessiv ausarten. Enttäuschend kann auch sein, wie gründlich manche Mitarbeiter solche Anlässe ausnutzen. Hier gilt es, vorher ein Maß festzulegen. Gelingt die Veranstaltung, kann der Chef an Ort und Stelle immer noch eine Erweiterung beschließen.

Im nachfolgenden einige Anregungen:

- *Weihnachtsfeiern*

Ihnen sollte ein festlicher Rahmen gegeben werden, z. B. in einem guten oder besonders gemütlichen Restaurant.
Achtung: Überziehen Sie den Rahmen nicht. Viele Mitarbeiter fühlen sich in einem Luxusrestaurant gar nicht wohl, dann kommt keine Stimmung auf.
Vor dem Essen muß natürlich eine Ansprache gehalten werden. Jetzt ist eine gute Gelegenheit gekommen, einen Erfolgsbericht über das Betriebsgeschehen zu geben.
Der Anlaß eignet sich auch hervorragend dazu, öffentlich Lob auszusprechen. Bemühen Sie sich dabei um äußerste Gerechtigkeit und loben Sie auch Schwache für besondere Leistungen.
Geschickt ist es, das Fest von vornherein zeitlich zu begrenzen, um eventuellen Auswüchsen vorzubeugen.

- *Betriebsfeste*

Auch hier ist es gescheiter, einen Zeitrahmen und den Umfang der Bewirtung vorher festzulegen.
Bieten Sie während des Betriebsfestes zusätzlich zum Essen ein kleines Programm, um Ihre Mitarbeiter zu unterhalten, z. B. eine kleine Show (Künstler findet man über das Arbeitsamt), eine Musikkapelle, eine Tombola, Tanz, Vorführungen durch die Mitarbeiter usw.
Das Fest soll ja zu einer bleibenden, angenehmen Erinnerung werden.

Mitunter kann es eine gute Idee sein, auch die jeweiligen Ehe- und sonstigen Partner miteinzuladen.
Ein origineller Veranstaltungsort steigert den Erfolg eines Betriebsfestes sehr, z. B. ein Schiff, eine Burg, ein Festzelt, eine Bauernschänke auf dem Lande.

- *Ausflüge*

Ideal ist es, wenn man sie mit einem fachlich passenden Ereignis kombinieren kann, z. B. einen gemeinsamen Messebesuch. Alle reisen gemeinsam an und ab (Busse sind preiswert) und werden während des Ausfluges natürlich bewirtet (in Maßen).
Die Zeit wird selbstverständlich voll als Arbeitszeit gerechnet. Denn es ist wichtig, daß möglichst alle mitmachen.

- *Sportgruppen, Geburtstagsfeiern usw.*

Die Initiative hierfür geht zumeist von den Mitarbeitern selbst aus. Wenn Sie nicht ausdrücklich eingeladen werden, sollten Sie auch keinen Versuch machen, hieran teilzunehmen. Seien Sie auch nicht gekränkt. „Man" will einmal unter sich sein.
Im Gegenteil: Fördern Sie solche Initiativen z. B. durch finanzielle Zuschüsse, Sportkleidung, ein Fäßchen Bier und anderes. Auch solche Kleinveranstaltungen nützen dem Wir-Gefühl. Ihr persönlich gutes Image ist durch die Anerkennung dieser Initiativen und ihre erkennbare Förderung sichergestellt.

Sichtbare Auszeichnungen

Gemeint sind Urkunden, Pokale, Ehrennadeln, die für besondere Leistungen verliehen werden.
Unterschätzen Sie den Wert dieser Auszeichnungen nicht. Auch wenn Sie sich persönlich nichts daraus machen – die übergroße Mehrheit schätzt diese Ehrenzeichen sehr. Selbst eher intellektuelle Menschen können sich hier von einem gewissen Stolz nicht freimachen.

Gegenüber anderen sind sie der sichtbare Beweis für eine außergewöhnliche Leistung oder Qualifikation. Sie werden jahrelang, oft bis

an das Lebensende aufbewahrt und zieren Wände und Wohnzimmerschränke.
Achten Sie jedoch darauf, nur wirklich Ausgezeichnetes so zu ehren. Sonst werten Sie die Trophäe rasch ab.

Finanzielle Erfolgsbeteiligung und Prämiensystem

Wird unter Punkt 9.6 detailliert beschrieben.

9.5 Interne Kommunikationsmittel

Für Handwerksbetriebe, deren Mitarbeiter selten in den Betrieb kommen (die keinen gemeinsamen Arbeitsplatz haben), sind sie geradezu zwingend notwendig. Aber auch für alle anderen sind sie außerordentlich nützlich.
In Kleinstbetrieben mit zwei bis drei Mitarbeitern erübrigen sie sich, da ohnehin ein sehr enger Kontakt zum Betrieb und zum Chef besteht.

Rundbriefe

Die Briefe enthalten wichtige Ereignisse aus dem Betriebsgeschehen als Information an die Mitarbeiter, z. B. neue Aufträge, neue Produkte, Fertigstellung interessanter Projekte, neue Verfahren der Firma, auch technisch/fachliche Informationen, Betriebsjubiläen, Auszeichnungen des Betriebes oder einzelner Mitarbeiter (z. B. bester Lehrabschluß), Mitteilungen zur Personalpolitik usw.
Ihr Umfang sollte keinesfalls mehr als zwei Seiten Text betragen. Besser sind häufigere Rundbriefe mit nur wenig Text.
Sie sollten in leicht verständlichem Briefstil geschrieben sein.
Um ihnen optisch Leseanreiz zu verschaffen, sollten sie mit Zwischenüberschriften gegliedert sein. Wichtiges – auch einzelne Wörter – müssen hervorgehoben werden (einrücken oder halbfette Schrift).

Wichtig ist eine gewisse Kontinuität. Die Zeitabstände des Erscheinens müssen nicht regelmäßig sein, jedoch sollten nicht weniger als sechs Briefe im Jahr geschrieben werden. Dann erst wird der Rundbrief zu einem echten Instrument der Motivation.
Herausgeber ist der Chef, jedoch kann auch einmal zu einem bestimmten Thema ein anderes Betriebsmitglied mit fachlicher Kompetenz oder z. B. der Betriebsrat schreiben.
Der Brief kann im Betrieb überreicht werden. Wenn viele Mitarbeiter auf Baustellen sind, ist es aber sinnvoller, ihn an die Privatadresse zu senden.

Hauszeitschriften

Es handelt sich um ein rein betriebsinternes Medium, das nicht an betriebsfremde Personen geht. Die Zeitschrift erscheint in festen, regelmäßigen Zeitabständen, etwa zweimonatlich.
Sie sollte mindestens vier Seiten (ein Doppelblatt) umfassen, um nicht zu kärglich zu sein. Redaktionell ist sie im Prinzip wie jede andere Zeitschrift aufgemacht. Sie enthält Artikel, Reportagen, feste Rubriken, auch Serien usw. Selbstverständlich hat sie einen Titel (Bezeichnung und graphische Darstellung auf dem Kopf der ersten Seite).
Inhaltlich dient sie in erster Linie der Motivation, weniger der Information. So enthält sie zwar auch Erfolgsberichte, mehr aber Klatsch und Personelles aus dem Betrieb, z. B. interessante Hobbys von Mitarbeitern, Vorstellen neuer Mitarbeiter, Geburtstage und Jubiläen, Lesermeinungen zu bestimmten Fragen, Rätsel und kleine fachliche Preisausschreiben, eventuell Witze, Kurioses aus der Betriebsvergangenheit usw.
Um sie leseanreizend zu machen, sollte sie viele Bilder enthalten. Die Typographie innerhalb einer Ausgabe darf wechseln.
Hauszeitschriften machen relativ viel Arbeit. Ein Mitarbeiter oder auch ein Außenstehender, der mit vielerlei Material versorgt werden muß, sollte sich fest darum kümmern. Der Erfolg der Hauszeitschrift hängt immer von der Initiative einzelner ab und von deren Fähigkeit, journalistisch lockere Texte zu schreiben.

Da Hauszeitschriften nicht nur Geld für ihren Druck kosten, sondern auch relativ viel Zeit (bzw. Honorar für Außenstehende), lohnen sie sich meist nur für mittlere bis große Handwerksbetriebe. Wie die Rundbriefe sollten sie am besten an die Privatadresse versendet werden.

Externe Firmenzeitschriften

Ihre Zielgruppe sind eigentlich nicht Mitarbeiter, sondern vielmehr Kunden und andere Außenstehende, zu denen Kontakt gehalten werden soll.
Klatsch und Personelles aus dem Betrieb werden sie also nicht enthalten. Entsprechend geringer ist auch ihre Motivationsmöglichkeit.
Ein Betrieb aber, der eine Firmenzeitschrift herausgibt, sollte unbedingt jedem Mitarbeiter auch ein Exemplar zukommen lassen.
Sie verstärkt ebenfalls das Wir-Gefühl und bildet auch Image nach innen. Es entsteht ein gewisser Stolz, einem so guten Betrieb anzugehören.

Das Schwarze Brett

Als internes Kommunikationsmittel eignet es sich für Handwerksbetriebe, deren Mitarbeiter sich immer wieder oder häufiger im Betrieb aufhalten.
Am Schwarzen Brett (das aus optischen Gründen auch farbig sein darf) werden aktuelle Informationen für die Mitarbeiter herausgegeben. Es sollte im Stil einer Wandzeitung gehalten sein, mit wechselnden Nachrichten, aktuell und wirklich interessant.
Die meisten Schwarzen Bretter in Betrieben leiden darunter, daß sich niemand recht darum kümmert. Am Ende hängen nur noch einige veraltete Plakate der Berufsgenossenschaft daran. Damit ist der Zweck als internes Motivationsmittel natürlich verfehlt. Kein Mensch schaut mehr drauf.
Um das Schwarze Brett muß man sich ähnlich redaktionell bemühen wie um eine Hauszeitschrift. Die Arbeit läßt sich z. B. an jemanden aus dem Büro delegieren. Um ihm den richtigen Sinn zu geben,

sollte es regelmäßig (mindestens monatlich) eine Art kleine Redaktionskonferenz geben.
Erfolgsmeldungen mit Fotos und personellen Nachrichten (Geburtstage, Familiennachwuchs) eignen sich gut für das Schwarze Brett. Natürlich sollte man auch den Betriebsrat hier zu Worte kommen lassen.

9.6 Finanzielle Erfolgsbeteiligung und Prämiensystem

Ziel aller Methoden ist, dem Mitarbeiter auch materiell Anreize zu geben, besonders gute Leistungen zu erbringen. Nicht einfach indem man die Löhne und Gehälter erhöht, sondern indem der materielle Gewinn vom finanziellen Erfolg des Betriebes abhängig gemacht wird. Der Mitarbeiter wird am Profit beteiligt.
Nachstehend werden vier Methoden aufgezeigt, die sich alle in Handwerksbetrieben bereits bewährt haben. Es werden auch die jeweiligen Vor- und Nachteile beschrieben. Welche Methode für den jeweiligen Betrieb die richtige ist, bleibt der unternehmerischen Entscheidung überlassen.

Gewinnbeteiligung

Wenn das Jahresergebnis bzw. das Ergebnis des Aktionszeitraumes vorliegt, werden alle bzw. ein Teil der Mitarbeiter (z. B. Führungskräfte) prozentual am Gewinn beteiligt.
Der Vorteil liegt darin, daß die gute Leistung kontinuierlich über eine längere Zeit erbracht werden muß.
Das System ist aber mit mehreren Nachteilen verbunden:
Kein Mensch ist in der Lage, permanent Spitzenleistungen zu erbringen. Es treten Ermüdungserscheinungen auf. Ferner ist der prozentuale Anteil zwangsläufig niedrig, vor allem wenn alle beteiligt sind. Selbst wenn die effektive Summe interessant ist, hören sich z. B. zwei bis drei Prozent noch als wenig an. Die Motivation ist geringer. Schließlich erfordert dieses System eine Offenlegung der Gewinne, die nicht immer wünschenswert ist.

Bonus

Wenn das Jahresergebnis vorliegt, erhalten die Mitarbeiter einen einmaligen Betrag ausgezahlt. Die Höhe des möglichen Bonus wird bei Einstellung oder zu Jahresbeginn bekanntgegeben. Sie sollte übrigens die Höhe eines Monatslohnes nicht übersteigen.
Bei einem sehr guten Ergebnis wird der Bonus in der maximalen Höhe ausbezahlt, in schlechteren Jahren ist er entsprechend geringer. Der Bonus kann z. B. auch von der Zahl der Krankheitstage oder von anderen Sonderqualifikationen abhängig gemacht werden. Wenn man zwischenzeitlich (z. B. vierteljährlich) Zwischenstände bekanntgibt, kann man seine Motivationskraft noch steigern.
Die Vorteile liegen darin, daß man keine festen Verpflichtungen eingeht. Der Bonus ist nicht selbstverständlich. Außerdem hat man sich freiverfügbare Beträge bewahrt, die man nach Ermessen und tatsächlicher Leistung staffeln kann. In schlechteren Jahren kann man den Bonus problemlos reduzieren. Ich würde allerdings empfehlen, sogar in Jahren, in denen keine Gewinne erzielt werden, einen kleinen Mindestbonus zu zahlen (falls die Firma nicht vor einer finanziellen Existenzkrise steht). Ein solcher Bonus wird von den Mitarbeitern außerordentlich hoch bewertet.
Der Nachteil liegt darin, daß sich Mitarbeiter, die weniger erhalten, möglicherweise ungerecht behandelt fühlen.
Der Bonus läßt sich auch für kurzzeitige Aktionen einsetzen.

Wettbewerbe

In Wettbewerben treten einzelne Mitarbeiter oder Teams gegeneinander an, um ein bestimmtes Ziel möglichst gut oder in möglichst kurzer Zeit zu erreichen. Der oder die Sieger erhalten Geldpreise, die anderen gehen leer aus bzw. erhalten gestaffelte, niedrigere Geldpreise.
Wettbewerbe sind immer auf kurzfristige, sehr konkrete Leistungserbringung bezogen.
Für viele Handwerksbetriebe ist dieses System schwer anwendbar, da es kaum direkt vergleichbare Ziele gibt. Die Gefahr ungerechter Beurteilung ist zu groß. Für Läden ist die Methode gut geeignet.

Ein Nachteil des Systems liegt darin, daß immer nur die Besten gewinnen. Das heißt, es werden die am meisten motiviert, bei denen es am wenigsten notwendig ist. Die Schwachen dagegen, die man eigentlich vorwärtsbringen will, resignieren entweder von vornherein oder während des Wettbewerbes. Spätestens wenn sie merken, daß die anderen ihnen davonziehen.
Dennoch ist die Methode für kleine Detailziele denkbar, wenn es z. B. um das äußere Erscheinungsbild geht und viele, nicht so hohe Preise ausgesetzt werden.

Prämiensystem

Diese Methode läßt sich sehr gut in Handwerksbetrieben anwenden.
Wie beim Wettbewerb werden auch hier konkrete Leistungsziele vorgegeben, die sich auf die Arbeit oder auch auf persönliche Merkmale (z. B. Erscheinungsbild) beziehen können. Anders als beim Wettbewerb aber gibt es keinen 1. Sieger. Sondern jeder bzw. das ganze Team, das das gesetzte Ziel erreicht, bekommt auch die Prämie. Die Chance, Geld zu verdienen, ist also nicht nur den Besten, sondern allen gegeben.
Ziel eines Prämiensystems ist sogar, daß alle gewinnen. Zu diesem Zweck kann man die Ziele staffeln: Eine schwächere Gruppe erhält niedrigere Ziele als eine starke.
Wichtig: Die Ziele müssen auch erreichbar erscheinen, sonst geht die Motivation verloren. Besser mehrere kleine Leistungsziele, die sich allmählich verschärfen, als eine einmalige, fast unerreichbare Aufgabe.
Prämiensysteme haben weiterhin den Vorteil, kurzfristig Leistungssteigerung zu erzielen, die Mitarbeiter also nicht permanent zu belasten.
Außerdem sind die Beträge frei festsetzbar und können adäquat zu den Zielen ausgesetzt werden.
Achtung: Im Verlaufe eines Jahres sollten alle Mitarbeiter Gelegenheit haben, an einem Prämiensystem teilzunehmen, wobei es sich um sehr unterschiedliche Aufgaben handeln kann. Es besteht sonst

die Gefahr, daß sich einige Gruppen oder Personen benachteiligt fühlen.
Geldpreise werden übrigens generell höher bewertet als Sachpreise. Schön ist es, die Leistung zusätzlich, z. B. durch eine Urkunde, zu dokumentieren.

9.7 Personalwerbung

Auch Personalwerbung ist Werbung. Sie muß deshalb genau den gleichen Richtlinien für Kommunikation folgen wie jede andere Werbemaßnahme. Das heißt, sie muß dem Konzept folgen, muß zum Image passen, voll durchgestaltet und gut getextet sein. Sie muß im Umfeld anderer Personalwerbung auffallen, um überhaupt gesehen zu werden. Nachstehend einige Hinweise zu den wichtigsten Mitteln für Personalwerbung.

Interne Stellenausschreibung

Selbst wenn es mit dem Betriebsrat nicht ausdrücklich vereinbart ist, empfiehlt es sich, jede vakante Stelle auch betriebsintern auszuschreiben (z. B. mit Rundbrief). Aus motivationalen Gründen empfiehlt es sich auch dann, wenn Sie ganz sicher sind, daß keiner der Mitarbeiter die notwendigen Qualifikationen besitzt.
Wenn Sie eine intern eingegangene Bewerbung ablehnen, müssen Sie diesen Schritt vorsichtig und möglichst sachlich begründen.
Verwenden Sie für die interne Ausschreibung die Stellenbeschreibung (Job-Description), die Sie ohnehin vorbereitet haben.
Aufgrund interner Stellenausschreibungen kommen manchmal auch Kontakte zu Bekannten der Mitarbeiter zustande, was sehr hilfreich sein kann.

Stellenanzeigen

Überlegen Sie zunächst sorgfältig, welche Ihrer lokalen Zeitungen für die Stellenanzeige in Frage kommt. Tageszeitungen werden

nicht von allen Leuten gelesen, manchmal sind Anzeigenblätter besser geeignet.
Für Führungskräfte kann auch eine überregionale Tageszeitung interessant sein.
Geben Sie sich große Mühe mit Text und Gestaltung. Wählen Sie lieber ein größeres Format. Das kommt billiger als viele kleinformatige Anzeigen und hat viel mehr Erfolg.
Vergessen Sie nicht, daß jede gute Anzeige eine interessante Überschrift besitzen muß. Die reine Stellenbezeichnung ist noch keine Überschrift.
Stellenanzeigen dürfen übrigens ruhig auch bebildert sein. In jedem Fall müssen Ihr Markenzeichen und Ihr Slogan darauf wiedergegeben sein.
Beschreiben Sie die Stelle genau, ebenso wie die Leistungen, die Sie bieten. Beschreiben Sie auch Ihren Betrieb auf sympathische Weise. Stellen Sie Ihren Betrieb jedoch nicht besser dar, als er ist. Sonst erhalten Sie zwar viele Bewerbungen, aber keine Zusagen von guten Leuten.
Chiffre-Anzeigen erhalten generell weniger Bewerbungen als Anzeigen mit voller Adresse. Ich empfehle sie nur, wenn ein Mitarbeiter ausgetauscht werden soll und diese Tatsache nicht bekannt werden darf.

Veranstaltungen zur Personalwerbung

Für einige Handwerksbetriebe sind Betriebsbesichtigungen für Personalwerbung geeignet. Mit der Veranstaltung ist ein kleiner Vortrag verbunden. Schön, wenn dabei nicht nur der Chef, sondern auch andere Mitarbeiter zu Worte kommen.
Gedacht ist natürlich an kleine Veranstaltungen. Sie lohnen sich dann, wenn gleichzeitig mehrere Mitarbeiter, z. B. mehrere Lehrlinge, gesucht werden. Eingeladen werden alle interessierten möglichen Bewerber oder auch eine Vorauswahl.
Geeignete Medien sind wiederum größerformatige Tageszeitungsanzeigen (vielleicht besser im allgemeinen als im Anzeigenteil), aber z. B. auch Plakate im Schulaushang.

Selbstverständlich können während der Veranstaltung noch keine Bewerbungsgespräche geführt werden. Dafür ist sie zu öffentlich. Alle Teilnehmer erhalten jedoch den Firmenprospekt und vielleicht einen Bewerbungsfragebogen, der die Antwort erleichtert.

Veranstaltungen, die ohnehin geplant sind, wie z. B. Tage der offenen Tür, können in gleicher Weise natürlich auch zur Personalwerbung mitgenutzt werden. Es empfiehlt sich, dann eine entsprechende Hinweistafel aufzustellen und Unterlagen auszulegen.

Beantworten Sie auf jeden Fall jede Bewerbung, auch wenn es ein abschlägiger Bescheid ist. Auch diese Maßnahme ist imagebildend. Bei Zwischenbescheiden und Einladungen zu Vorstellungsgesprächen legen Sie Ihren **Firmenprospekt** bei. Ein guter zukünftiger Mitarbeiter wird hierdurch vormotiviert.

Stichwortverzeichnis